Las mejores técnicas de estudio

Prácticos
Vivir Mejor

Bernabé Tierno
Las mejores técnicas de estudio
*Consigue excelentes resultados
y aprende sin esfuerzo*

mr · ediciones

El papel de este libro procede de bosques gestionados de forma sostenible y de fuentes controladas.

La lectura abre horizontes, iguala oportunidades y construye una sociedad mejor.
La propiedad intelectual es clave en la creación de contenidos culturales porque sostiene el ecosistema de quienes escriben y de nuestras librerías.
Al comprar este libro estarás contribuyendo a mantener dicho ecosistema vivo y en crecimiento.
En **Grupo Planeta** agradecemos que nos ayudes a apoyar así la autonomía creativa de autoras y autores para que puedan seguir desempeñando su labor.
Dirígete a CEDRO (Centro Español de Derechos Reprográficos) si necesitas fotocopiar o escanear algún fragmento de esta obra. Puedes contactar con CEDRO a través de la web www.conlicencia.com o por teléfono en el 91 702 19 70 / 93 272 04 47

Edición actualizada y ampliada

© Bernabé Tierno Jiménez, 1994, 2009
© Editorial Planeta, S. A., 2009, 2025
   Martínez Roca es un sello editorial de Editorial Planeta, S. A.
   Avinguda Diagonal, 662, 6.ª planta. 08034 Barcelona (España)
   www.mrediciones.com
   www.planetadelibros.com

Imágenes de la cubierta: © Getty Images y © Shutterstock
Primera edición en esta presentación en Colección Booket: septiembre de 2012
Segunda impresión: octubre de 2013
Tercera impresión: octubre de 2015
Cuarta impresión: febrero de 2017
Quinta impresión: marzo de 2019
Sexta impresión: septiembre de 2021
Séptima impresión: septiembre de 2025

Depósito legal: M. 23.266-2012
ISBN: 978-84-9998-169-7
Impreso en España

Biografía

Bernabé Tierno (1940 -2015) fue psicólogo, pedagogo y escritor. Recibió la Medalla de Honor del 50 aniversario de Unicef (1996), el Premio Paz del Mundo como impulsor de los valores humanos (1997), el Premio Aula de Paz, otorgado por la escuela asociada a la Unesco Aula de Paz Camín de Mieres, del Principado de Asturias (2000), el Premio de la Asociación Española de Fabricantes de Juguetes (AEFJ) por su apoyo y defensa del juguete (2005) y el Premio Estrella Intercoiffure Valores Humanos (2010). Colaborador habitual en distintos medios de comunicación y conferenciante infatigable, fue autor de numerosas obras, entre las que cabe destacar *Tu hijo: problemas y conflictos*, *Educar a un adolescente*, *Dudas y errores del lenguaje*, *Abiertos a la esperanza*, *Cartas a un psicólogo: respuestas prácticas para los nuevos problemas de los españoles*, *Saber educar*, *Aprendo a vivir*, *El psicólogo en casa*, *Las mejores técnicas de estudio*, *La fuerza del amor*, *Psicología práctica de la vida cotidiana*, *Guía para salvar el curso*, *La educación inteligente*, *Hoy, aquí y ahora. Estás a tiempo de ser feliz*, *Optimismo vital*, *Los pilares de la felicidad*, *Conseguir el éxito*, *Poderosa mente*, *Sabiduría esencial*, *Espiritual mente*, *El triunfador humilde* y *Si puedes volar, por qué gatear*.

ÍNDICE

Introducción 13

PRIMERA PARTE
TÉCNICAS DE ESTUDIO

Capítulo 1. Condiciones fundamentales
para un estudio eficaz 19
   El buen estado físico 21
   Higiene mental y psíquica 25
   Sugerencias al profesor-educador 33
   La influencia del entorno 35

Capítulo 2. La importancia del método 43
   El orden, fundamental 44
   Tipos de métodos de estudio 44
   Diseño de un método propio 46
   El método de estudio Robinson (EPL2R) 47

Capítulo 3. La lectura, instrumento primordial
del aprendizaje 51
   Desarrollo de aptitudes con la lectura 51
   Lectura inteligente: una búsqueda de ideas 52

Tipos de lectura 53
Buenos y malos lectores. Características distintivas 55

Capítulo 4. Cómo desarrollar la velocidad de la lectura 59
¿Por qué unas personas leen más rápidamente que otras? 59
Los malos hábitos de lectura 60
¿Cómo mejorar la velocidad de la lectura? 62
Expresión, interpretación y registro de la velocidad
    de lectura 63
Ejercicios para desarrollar la velocidad de lectura 65

Capítulo 5. La lectura eficaz: armonización entre
  velocidad y comprensión lectora 69
La lectura eficaz 69
La lectura comprensiva 72

Capítulo 6. Técnicas de análisis: el subrayado de textos ... 77
¿Qué se debe subrayar? 77
¿Cuánto hay que subrayar? 78
¿Cómo se debe subrayar? 78
¿Cuándo se debe subrayar? 80
¿Por qué es conveniente subrayar? 81
Tipos de subrayado 81

Capítulo 7. Esquema y resumen 85
El esquema 85
La realización de esquemas 87
Modelos más usuales de esquemas 88
El resumen 90

Capítulo 8. La sesión de estudio 93
Autoexamen previo a la sesión de estudio 93

La sesión de estudio 94
Objetivos del estudio: comprender, asimilar
    y retener 95
Proceso para asimilar y retener los contenidos 96

Capítulo 9. Cómo tomar apuntes 99
Modos de exponer un tema 100
Cómo captar mejor una explicación 101
Claves para tomar bien los apuntes 102
Ventajas de los apuntes 104
La confección material de los apuntes.
    ¿Qué se debe anotar? 105
Requisitos para entender una conferencia 107

Capítulo 10. Preparaciones de exámenes 109
Preparación de un examen 110
La semana anterior al examen 110
¿Qué hacer antes y durante el examen? 111
Reflexiones después del examen 113

Capítulo 11. Repaso y evaluación 117
Repaso y puesta a punto 117
¿Cómo se puede evitar el olvido? 118
¿Qué, cuándo, cómo y durante cuánto tiempo
    se ha de repasar? 118
La evaluación continua y sus ventajas 120
La autoevaluación del estudiante 122

Capítulo 12. Realización de un tema escrito 127
Ventajas de los temas escritos 127
Fases de la realización de un tema escrito 128
La elección del tema 129

La documentación 130
Estructuración y redacción del tema 131

Capítulo 13. Atención e interés en el estudio 135
Factores de la atención 136
Propiedades de una atención efectiva 137
El interés como expresión de la atención motivada 138
Leyes del interés 140

Capítulo 14. La distracción: causas y remedios 143
Causas de la distracción 143
Los remedios de la distracción 146

Capítulo 15. Cómo lograr una mayor atención
y concentración 149
La concentración como atención dinámica 149
Consejos y orientaciones 151
Ejercicios para aumentar el nivel de
atención-concentración 152

Capítulo 16. La memoria y su potenciación 157
Importancia de la memoria 158
Tipos de memoria 158
Factores de la memoria 160
¿Por qué olvidamos? 162
Cómo desarrollar la memoria 163
Ejercicios para desarrollar la memoria 166

Capítulo 17. Los distintos estudiantes 171
El estudiante de primaria y secundaria 171
El estudiante de bachillerato 172
El estudiante universitario 173

SEGUNDA PARTE
ESTRATEGIAS PARA EL ÉXITO DEL ESTUDIANTE

Capítulo 18. El estudio diferenciado o por materias 177
- Las ciencias físico-químicas 179
- Las «ciencias exactas»: matemáticas 180
- Las ciencias lingüísticas 183
- ¿Cómo es el buen estudiante de las ciencias lingüísticas? 184
- Las ciencias de la naturaleza 188
- Las ciencias sociales, geografía e historia 190
- La lengua extranjera 192

Capítulo 19. La «metacognición» o conocimiento del propio conocimiento. El estudiante se hace cargo de sí mismo 195
- Cuestionario: «Aprendo a conocerme como estudiante» 196

Capítulo 20. El que enseña aprende dos veces 203

Capítulo 21. El uso de las grabaciones 207

Capítulo 22. Solo competir con uno mismo 211

Capítulo 23. La fuerza de voluntad: soporte de todas las estrategias para el éxito 213

Capítulo 24. Decálogo de la voluntad 215

Capítulo 25. Para llegar a ser verdaderamente eficaz y lograr los objetivos propuestos 219

Capítulo 26. Consejos a los padres de los estudiantes
para ayudar a sus hijos en los estudios 223

Capítulo 27. Consejos a los profesores 227

Capítulo 28. Estudios de posgrado 231

Capítulo 29. Oposiciones y exámenes de última
convocatoria 237

Capítulo 30. Tu futuro está en tus manos 241

Bibliografía 245
Índice temático 249

INTRODUCCIÓN

La palabra mágica en la enseñanza puede concretarse, sobre todo si nos referimos a estudios medios y superiores, en *estudiar*. Estudiar es el intento sistemático de comprender, asimilar, fijar y recordar los contenidos del objeto de aprendizaje, para lo cual deben emplearse unas técnicas adecuadas que nos permitan conseguir el «éxito».

El estudiante no debe dedicarse a estudiar sin orden; es necesario que se le enseñen las técnicas de trabajo adecuadas además del temario impuesto en el programa. Aunque a veces nos parezca más importante la información, esta nunca tendrá sentido si tan solo nos sirve para aprobar un examen y no aprendemos las técnicas necesarias para relacionarlo con todo lo que aprendamos en nuestra vida.

Es frecuente que el estudiante eche la culpa de su fracaso a los profesores, los libros, los exámenes... y no se detenga a reflexionar y descubrir que el único responsable de su conducta, de todo lo que le ocurre, es él mismo.

Por eso, este libro está dedicado a los estudiantes, a ti, que no sabes planificar tu tiempo, que desconoces los pasos necesarios para hacer un esquema o un trabajo escrito, que no sabes que las técnicas de estudio constituyen una materia de todos los cursos y la debes «aprobar» en el primer año. Ya es hora de aprender a estudiar, de sacarle el mayor partido a las clases, los apuntes, las conferencias, los libros...

Eres el verdadero protagonista en el proceso enseñanza-aprendizaje. Te corresponde, entonces, participar de forma activa y receptiva, colaborando con verdadera dedicación, ilusión y entrega, tanto para aprender, asimilar, fijar, relacionar y recordar lo estudiado como para lograr «aprender por ti mismo» a ser tu profesor y dominar por completo todas las técnicas de trabajo intelectual.

En este libro encontrarás las técnicas adecuadas para empezar a trabajar. No lo leas todo de un tirón. Siéntate con él y empieza a poner en práctica lo que te aconseja. Poco a poco, si sigues los pasos que te indico, las podrás aplicar casi automáticamente y formará parte de tu hábito de estudio.

Las técnicas que vas a encontrar en este libro no son independientes unas de otras, sino que forman parte de un proceso, por lo que será necesario que sigas el orden establecido y no pases a la siguiente antes de poner en práctica la que acabas de leer.

A pesar de que esta obra está claramente destinada a estudiantes, en ningún momento excluye a los profesores y los padres. El acto de estudiar conlleva cierta complejidad y necesita de una adecuada interacción entre padres, alumnos y profesores, estos últimos con una labor fundamental en la enseñanza de las técnicas de estudio. Mediante su exposición en clase pueden transmitir, directa o indirectamente, la forma de hacer un esquema, un resumen o un diagrama. Deben tener en cuenta que aprender a estudiar no se logra en poco tiempo ni aplicando las técnicas de estudio a una sola asignatura. Se trata de una tarea que deben enseñar los profesores de cada asignatura a sus alumnos, especialmente en la ESO y el bachillerato.

Los estudiantes universitarios parecen olvidar fácilmente lo que les enseñaron años atrás. Es cierto que el tiempo, a veces, no da para mucho, pero no deben olvidarse de desarrollar hábitos de eficacia, que les permitan sacar el máximo partido a los estudios que realizan, lo que puede traducirse en disciplina, hábitos sistemáticos, apuntes útiles, repasar de forma continuada... Haz un hueco en tu tiempo para repasar todo aquello que has aprendido y que debes seguir poniendo en práctica.

Con este libro no solo quiero mostrar unas técnicas de estudio, sino intentar transmitir una serie de conceptos y valores necesarios en el desarrollo personal del estudiante. No se trata de una obra para estudiar mientras estamos en el instituto, en el colegio, en la facultad..., sino de un libro que trata de acercarnos a la situación del estudiante y contagiarle la motivación y el interés para que siga aplicando todo lo que pueda aprender con él a todas las facetas de su vida y a los demás.

Y recuerda que puedes disponer de los mejores enseñantes del mundo y que estos apliquen los métodos más adecuados...; pero si tú, estudiante, no quieres, de nada nos sirven todos los esfuerzos que hagamos para que se cumpla de manera adecuada la enseñanza y el aprendizaje.

Durante más de quince años *Las mejores técnicas de estudio* ha sido el libro amigo de miles de estudiantes en España y en Hispanoamérica y hoy, plenamente actualizado, reaparece en uno de los momentos en los que es más necesario, porque nos hemos dormido en los laureles del pasotismo y en la falta de espíritu de superación, de la autodisciplina y del esfuerzo y nos distinguimos hoy por hoy, por desgracia, por ser uno de los países europeos con un índice mayor de fracaso escolar.

La dejación de algunas autonomías a las que se les han transferido competencias en materia educativa y la utilización de la educación de nuestros jóvenes como arma electoral, están en la base del problema. Es por este motivo por lo que este libro reaparece ahora, actualizado y revisado, porque es este el momento en el que son más necesarios sus consejos, y por esto espero que *Las mejores técnicas de estudio* esté en todos los colegios y al alcance de todos los padres, profesores y estudiantes y que contribuya de forma directa en la lucha contra esa lacra social que es el fracaso y el alto índice de abandono escolar.

Por último, quiero dar las gracias a Montserrat Giménez, que cuando cursaba 4.º de Psicología se leyó el presente libro y realizó los resúmenes que aparecen al final de cada capítulo. Hoy deseo agradecer a aquella estudiante que fue, nuevamente, el esfuerzo que realizó y la ilusión que puso en la edición de esta obra.

PRIMERA PARTE
TÉCNICAS DE ESTUDIO

| capítulo | Condiciones fundamentales |
| uno | para un estudio eficaz |

El estudio no es una ocupación del entendimiento; es un trabajo de todo el hombre. Santo Tomás de Aquino lo expresaba con estas palabras: «No es el entendimiento el que entiende, sino todo el hombre el que entiende por el entendimiento». Lo que quiere decir que en el acto de entender influyen todos aquellos factores que constituyen al hombre y en especial: el sistema nervioso, los sentidos, la imaginación, la voluntad...

La higiene mental del estudio —asignatura demasiado olvidada— tiene como objeto tratar aquellas condiciones físicas, mentales y psíquicas que facilitan el trabajo intelectual.

Desde estas primeras páginas hasta la última frase de este libro no me cansaré de repetirte, mi querido amigo estudiante, que tu conducta, tu posibilidad de éxito o de fracaso, en el estudio o en cualquier otra actividad, será siempre consecuencia del estado de ánimo en que te encuentres. Este estado o «tono» psicofísico es producto de la vinculación y la sintonía existente entre la mente y el cuerpo. Si tu estado neurofisiológico es positivo, se despertarán y activarán las capacidades para conseguir confianza en ti mismo: alegría, aceptación de la realidad con serenidad, amor, seguridad interior, fe y confianza... Si tu estado neurofisiológico es negativo, te sentirás paralizado, desinflado y sin ilusión; tu capacidad quedará desactivada, como si una desconexión generalizada en el interior de ti mismo produjera en tu cuerpo y en tu mente un estado paralizante de temor, angustia, depresión, tristeza, confusión y frustración.

Sé que desde hace unos instantes no haces más que preguntarte dos cosas: la *primera*, cómo se llegan a producir esos estados neurofisiológicos positivos o negativos; la *segunda*, si está en tus manos o en las de cualquiera crear estados positivos y afirmativos, activadores de la capacidad psíquica y, por tanto, de conductas que con toda seguridad conducen al éxito, a la obtención de buenos resultados. Te respondo al instante. El estado de ánimo o tono psicofísico en que nos hallamos en cualquier momento de nuestra vida lo crea cada persona, lo elige cuando activa dos componentes principales: *a)* la *representación interna*, positiva o negativa, esperanzada o desesperanzada, ilusionada o desilusionada, que tiende a lograr el éxito o a evitar el fracaso, y *b)* las *condiciones fisiológicas* y el uso que hagamos de ellas. Me refiero a los estados de tensión muscular, nerviosismo, fatiga física y psíquica, dolor, bajo nivel de azúcar en la sangre, energía nerviosa, higiene alimenticia, relajación, respiración y capacidad pulmonar, y funcionamiento bioquímico en general.

Una vez contestada la primera pregunta, te respondo a la segunda para decirte cómo puedes crear estados o actitudes positivas que activen al máximo tu capacidad psíquica y te conduzcan al éxito.

Lo primero que has de hacer es entender que la *representación interna* de algo, por ejemplo, de ti mismo como estudiante fracasado, no es la producción exacta de la realidad, sino una interpretación filtrada a través de tus creencias individuales. Tú te ves a ti mismo de ese modo, sin voluntad y sin aptitudes y te conviertes en lo que piensas de ti mismo. Ya dijo Chéjov que «el hombre es lo que cree ser». Tú no puedes ser inteligente y eficaz mientras pienses de ti lo contrario. Por tanto, comienza por ver lo positivo que hay en ti. Recuerda tus pequeños o grandes éxitos del pasado y trata de demostrarte cada día que hasta hoy no has hecho más que reafirmarte en la idea de tu incapacidad. Atrévete a cambiar esas representaciones internas negativas y te convertirás en una persona con éxito. El contenido de este libro te ayudará a conseguir esa actitud mental positiva y una mayor confianza en tus posibilidades.

Por lo que se refiere al segundo componente, las *condiciones fisiológicas y físicas*, a continuación te expongo una síntesis de todo lo que considero fundamental para lograr mejores resultados en los estudios y en la actividad intelectual en general.

El buen estado físico

El estudio o trabajo intelectual es una actividad psíquica y, como tal, está condicionada por la salud física y el bienestar corporal. Por eso, antes de explicar las estrategias y las técnicas de un trabajo intelectual bien realizado, y para completar cuanto hemos dicho ya sobre la representación interna positiva de sí mismo que ha de lograr toda persona y especialmente el estudiante, es necesario prestar atención a los factores que ponen al estudiante en «buena forma física».

Las horas de sueño

El estudiante debe dormir entre siete y nueve horas, ya que dormir lo necesario es, sin duda, la forma más natural de reponerse y de descansar del agotamiento mental y físico. El tiempo que indico es meramente orientativo y más que la cantidad importa la calidad del sueño.

Hay una forma de comprobar si el sueño ha sido profundo y reparador: si se ha dormido «de un tirón», seguramente, al levantarse, la sensación será de estar relajado, fresco y dispuesto a rendir al máximo en el trabajo intelectual. Si, por el contrario, el sueño ha sido inquieto y con interrupciones, lo más probable será despertarse cansado y con pocos ánimos para estudiar.

Sugerencias para descansar

- No lleves nunca a la cama problemas personales, escolares, familiares o de otro tipo. Debes solucionarlos antes de acostarte o dejarlos «aparcados» para el día siguiente.
- Suprime o reduce en lo posible los alimentos y las bebidas excitantes como alcohol, chocolate, café, té, especias...
- Cena temprano, no más tarde de las nueve de la noche y que los alimentos que tomes sean ligeros y digestivos.
- No utilices sedantes, somníferos o tranquilizantes, salvo en casos muy excepcionales.
- Camina al menos durante un cuarto de hora antes de irte a dormir y toma un baño o ducha de agua tibia.
- Extrema la higiene corporal y bucal antes de acostarte; descongestiona la garganta y la nariz; cámbiate de ropa interior y adopta una postura cómoda en la cama.
- Márcate una hora fija para dormir. Si la televisión te quita horas de sueño, debes renunciar a verla por las noches.
- Haz ejercicio físico cada día para que el cuerpo cansado busque el descanso de forma natural.
- Mantén el dormitorio aireado y practica la relajación antes de dormir.
- Si después de veinticinco o treinta minutos no consigues dormirte, no hagas de ello un problema. Levántate y ponte a estudiar, a leer o a pasar apuntes, y cuando estés más cansado te resultará fácil coger el sueño.

La alimentación racional

Es de suma importancia que controles día a día tu dieta alimenticia, ya que una alimentación equilibrada, rica en fósforo, calcio y vitaminas es absolutamente imprescindible para el buen rendimiento intelectual.

Tu dieta diaria ha de ser variada y rica, compuesta de vegetales, pescado, carne, leche, huevos y fruta en abundancia.

Recuerda que las comidas muy abundantes nunca son aconsejables para nadie. Te sugiero que adquieras la costumbre de seguir el viejo y sabio consejo: «Desayunar fuerte y copiosamente, comer simplemente bien, merendar algo y cenar poco».

La malnutrición y la alimentación anormal y tóxica pueden originar trastornos funcionales y hasta orgánicos, tanto en el cerebro como en todo el sistema nervioso.

Si tienes exceso de peso, no busques remedios rápidos y ve al médico dietista; pero recuerda que para reducir peso deberás gastar más energías de las que consumes, y para ello hay que combinar más ejercicio físico y menos comida. Así de sencillo, y no hagas regímenes de hambre que te conducirán antes o después a comer de forma compulsiva y descontrolada. Tampoco trates de perder más de un kilogramo por semana.

El ejercicio físico

Para mantener una buena forma física, tanto corporal como intelectual, nada mejor que hacer ejercicio físico de forma habitual y, a ser posible, practicando regularmente algún deporte favorito.

No se trata de hacerlo de manera febril e incansable, sino de forma constante y continuada.

Vivimos en una época marcada por la prisa, el agobio, las tensiones, los ruidos, el miedo a ser robados o asaltados en cualquier esquina, portal o ascensor y en pleno día... Todo esto deteriora de forma progresiva nuestro sistema nervioso y nos va convirtiendo en personas ariscas, susceptibles, siempre en actitud de alerta, y hasta de ataque o a la defensiva, sin un momento para la distensión y la relajación psicofísica.

Lo verdaderamente importante es mover el cuerpo y ejercitar los músculos de forma regular y moderada. No es necesario que te aconseje sobre ejercicios, pero te recuerdo algunos que son fáciles de practicar: natación, aeróbic, caminar varios kilómetros, correr, patinar, montar en bicicleta, remar, esquiar, saltar en cama elástica, hacer pesas, gimnasia de mantenimiento...

La relajación

Es muy aconsejable, sobre todo para el estudiante nervioso y preocupado, practicar cada día una o dos sesiones de relajación de diez o quince minutos aproximadamente. En tu misma cama, tendido, con los brazos estirados y las piernas flexionadas sobre una almohada, debes dejar que el cuerpo descanse con todo su peso, mientras entornas los ojos, dejas la boca relajada y entreabierta y te abandonas por completo, aflojando todos los músculos y sin pensar en nada; solo «sintiendo la sensación» de aflojamiento general y abandono por todo el cuerpo. Es importante que durante estos minutos nadie te moleste para nada, ponte una cinta de música suave y relajante, y no te preocupes más que de «abandonarte al descanso» y a la sensación de paz y tranquilidad. Con la práctica llegarás a sentir que tu cuerpo flota como si fuera de algodón, como si no tuvieras huesos ni músculos y fueras una nube que arrastra el viento. La relajación repara el cansancio físico y psíquico, y restablece la paz y el equilibrio interior perdidos. Practica a diario y te convencerás de ello.

Higiene mental y psíquica

Me parece que vas comprendiendo que tu rendimiento intelectual se ve afectado por la forma física en que te encuentres y, por eso, has decidido mantenerte sano, fuerte, bien alimentado y ágil. Pero además, tienes claro que el buen estado mental, psíquico y afectivo en que te encuentres habitualmente afectará también en gran medida a los resultados que obtengas en los estudios.

¿Estás de acuerdo conmigo en que la motivación o la desmotivación, el interés o la apatía, el agrado o el desagrado, la voluntad de aprender o el desaliento, la ansiedad, las preocupaciones personales y un largo etcétera de factores influirán, aún más que las condiciones físicas, de forma positiva o negativa, en nuestro rendimiento intelectual? Pues entonces, te invito a que te hagas un sencillo chequeo de higiene mental para que reflexiones sobre los cuatro rasgos que te indico a continuación. Puntúate en cada uno de estos caracteres de uno a diez para ver el estado de salud mental en que te encuentras ahora, y trabaja desde hoy para desarrollar al máximo cada uno de ellos, todos indicadores de tu salud mental y psíquica. Una vez a la semana deberías conversar contigo mismo y ver en qué medida vas mereciendo una puntuación más alta en cada rasgo.

Rasgos de la salud mental y psíquica del estudiante

Un estudiante sano mentalmente obtendría una puntuación elevada en los siguientes rasgos básicos o características de su personalidad:

1. *Buen nivel de autoestima* o convicción de que es capaz, de que puede obtener mejores resultados en el estudio. Esto solo se

logra si uno está convencido de poder lograrlo. Tener buen nivel de autoestima significa que, aunque uno sea consciente de sus capacidades y limitaciones, se siente con ánimo para llevar a feliz término lo que se propone. Sabe que solo lo separa del éxito en el estudio dedicar más tiempo y estudiar con más eficacia, con mayor esfuerzo, ilusión y entusiasmo, y que no es un problema de capacidad, sino de dedicación y estrategias adecuadas.

2. *Entusiasmo, fe en sí mismo y ausencia de complejos.* Se siente aceptado e integrado, tanto en el ámbito familiar como en el escolar y social. El trabajo intelectual se le hace muy llevadero, porque goza del reconocimiento y de la estima de sus compañeros y profesores. Todo ello le hace sentirse feliz y libre de complejos, ya que ante las dificultades se crece y autoanima mostrando gran entusiasmo, fe en sí mismo y hasta pasión por llevar a buen término sus propósitos.

3. *Actitud receptiva, curiosidad e interés por aprender.* Este rasgo le permite aceptar de manera positiva todos aquellos conocimientos que puedan ampliar su acervo cultural. Su permanente interés y curiosidad suscitan preguntas y promueven diálogos enriquecedores con el profesor y con los demás compañeros.

4. *Comprensión y aceptación de los demás.* Este factor permite ser sociable, comunicativo y generoso, estar siempre dispuesto a colaborar con todos, a prestar ayuda y preocuparse de sus problemas. Cualquiera puede encontrar un buen amigo en una persona con estas características.

La preparación

Trabajar desde ya para desarrollar al máximo los cuatro rasgos básicos para la higiene mental del estudiante debe ser algo primordial, pero, si quieres llegar a ser un estudiante verdaderamente eficaz y profesor de ti mismo, potencia todavía más tu higiene mental como estudiante y pon verdadero interés en los apartados siguientes:

1. *Marcarte una meta.* Ya eres un estudiante mayor y responsable y tienes que formarte una idea muy clara y precisa de lo que pretendes lograr con tus estudios. Es probable que aún no te sea posible verte como abogado, médico, catedrático o administrativo, pero sí ir descubriendo el sentido de tu propia vida.

Si estás en 2.º de bachillerato o en la universidad es necesario que te preguntes ya sin más dilaciones «por qué estudias», «para qué», «cómo» y si tu estudio es o no eficaz. Quiero decir que cuando te marques tu propia meta como estudiante universitario, debes ver con cierta claridad el beneficio o la utilidad personal que te proporcionará la carrera que estudias y las motivaciones sociales que conlleva, como el logro de un estatus determinado, salida profesional, prestigio, nivel económico, etc.

Marcarse una meta con claridad incrementa sobremanera la «pulsión cognoscitiva» o deseo de saber y aprender más y mejor del estudiante; en definitiva, su nivel de ilusión, motivación y persistencia en el esfuerzo.

2. *Conocerte y aceptarte de modo realista* con posibilidades y capacidades, con limitaciones y deficiencias.

De la propia capacidad de autocrítica se puede obtener información suficiente para actualizar conocimientos, potenciar aptitudes y destrezas y planificar el éxito por el camino más rápido.

Es muy importante que desarrolles y cultives el espíritu crítico ya desde los años de la ESO, para prepararte para la entrada a la universidad, ya que el espíritu del universitario debe ser crítico por excelencia. Por eso te insisto tanto en que empieces desarrollando la autocrítica, siendo consciente de tus propios defectos y limitaciones personales y académicas en primer lugar, para después pasar a la acción y tomar medidas eficaces para corregirlos. Así aprenderás a aceptar y a aprovechar las críticas de los demás, y al mismo tiempo a ser crítico contigo mismo y con los otros. Cuando lo hagas, tanto en un caso como en el otro, te sugiero que tengas siempre presente estos consejos que te doy a continuación:

— *Procura ser muy concreto* y no hagas jamás descalificaciones globales; especifica qué aspecto o aspectos no aceptas o no compartes y por qué, y da argumentos claros y sencillos.

— Al mismo tiempo o quizá antes, *resalta todo lo positivo*, valioso y aprovechable y a continuación expresa lo que no te convence.

— *Cuida los modales*, mantén la calma, muéstrate respetuoso y comprensivo, y jamás grites o insultes ni te expreses con gestos desabridos.

3. *Asumir con realismo las equivocaciones, los fallos y las frustraciones*. El camino hacia el éxito está sembrado de obstáculos que hay que saber afrontar y tienes que contar con ellos. Ten la absoluta seguridad de que te vas a encontrar con profesores no solo demasiado exigentes, sino con algunos que cifran su éxito profesional en el número de suspensos.

En un espacio que tuve hace ya algunos años en Radio Popular, que llevaba por título *Educar en libertad*, hablando de los alumnos con depresión por culpa de una asignatura que jamás logran aprobar, recibimos una llamada desde Vigo de la madre de un estudiante de Ingeniería Superior que tuvo que dejar la carrera por una asignatura de 5.º curso porque el profesor le había suspendido en todas las convocatorias con una puntuación de 4,96. Desde aquí vaya mi repulsa para estos «profesores» y la promesa a los estudiantes para hacer cuanto esté en mis manos desde los medios de comunicación y desde donde me sea posible, para que se establezcan leyes o disposiciones que amparen a los estudiantes ante situaciones tan lamentables, inhumanas e injustas.

También te encontrarás con asignaturas «que se te atraviesan» y que exigen una mayor dosis de esfuerzo, pero no te asustes, porque cualquier objetivo, por difícil que parezca, siempre dependerá de tu tesón y de tu ilusión sin límites. No debes hablar jamás de fracasos, sino de resultados poco satisfactorios y saber que, al final, la victoria te espera. A continuación te daré unos ejemplos explicativos de lo que acabo de exponer.

—¿Sabías, por ejemplo, que Einstein no habló hasta los cuatro años y no aprendió a leer hasta los siete?

— A Beethoven le dijo su profesor que no tenía futuro alguno como compositor.

— Isaac Newton fracasó ya en los estudios primarios, y Thomas A. Edison, siendo todavía niño, fue calificado de tonto e incapacitado por todos sus profesores.

— Al Gran Caruso, el tenor de todos los tiempos, su profesora de música le dijo que ni tenía voz ni podría cantar nunca de manera aceptable.

— León Tolstói fracasó en la universidad.

— A Louis Pasteur le calificaron de mediocre en química cuando asistió al Colegio Real.

— He dejado para el final a uno de los hombres a quienes más he admirado por su fuerza de voluntad, su tesón y su persistencia en el esfuerzo, que jamás conoció el desánimo. Me refiero a Abraham Lincoln, quien entró en la guerra de Black Hawk como capitán y salió como soldado raso. Su vida estuvo sembrada de fracasos y derrotas desde los treinta a los sesenta años, pero ¿sabes por qué al final le llegó el éxito? Porque jamás consideró los fracasos y las derrotas como tales, sino simplemente como resultados poco satisfactorios, como experiencias, como lecciones de la vida de las que supo sacar toda la sabiduría y el provecho. Los fracasos no son sino escalones que nos acercan día a día al éxito, si sabemos sacar de ellos toda la sabiduría que encierran.

Pero te sigo hablando de Abraham Lincoln para que dejes de considerarte un caso perdido y veas de lo que es capaz una actitud mental positiva secundada por una voluntad sin límites. A los treinta y un años, Lincoln había fracasado en los negocios que emprendió; con treinta y dos años se presentó como candidato a unas elecciones legislativas y fue derrotado; a los treinta y cuatro años intentó de nuevo triunfar en los negocios y volvió a fracasar; a los treinta y cinco años su amada mujer murió y supo soportarlo, aunque a los treinta y seis sufrió un grave colapso nervioso. Volvió a presentarse a las elecciones a los treinta y ocho años y perdió. Ni a los cuarenta y tres, ni a los cuarenta y seis, ni a los cuarenta y ocho años logró ser elegido congresista; tampoco a los cincuenta y cinco años senador. A los cincuenta y seis años se presentó para vicepresidente y fue derrotado; a los cincuenta y ocho fue derrotado nuevamente y no salió elegido senador. Por fin, a los sesenta años, fue nombrado presidente de Estados Unidos.

Siendo yo un adolescente, tenía la afición de coleccionar máximas, sentencias y pensamientos de grandes hombres y mujeres del pasado que supieron sobreponerse a todas las dificultades y así convertí las derrotas en éxitos. Un buen día me encontré esta frase que escribí para siempre en mi mente y en mi corazón: «Si dispusiera de ocho horas para cortar un árbol, emplearía seis en afilar el hacha»; el autor no es otro que Abraham Lincoln.

Yo también he tenido dificultades y fracasos que no vienen al caso contar aquí, y siempre he logrado salir a flote con la ayuda de estas dos ideas: *a)* solo se fracasa, solo estamos derrotados, si nos consideramos fracasados, y yo jamás consentí sentirme así; *b)* el tesón, el coraje y la sabiduría que me ha transmitido siempre la frase de Lincoln y su propia vida, sabiendo que hay que pagar un alto precio por el éxito, que nadie regala nada y que todo depende del propio esfuerzo y de la inteligencia, de no cesar de «afilar el hacha» de la voluntad, de las propias aptitudes y de la mente, siempre con perspectivas positivas, sean cuales fuesen las circunstancias.

Dirás que me estoy extendiendo demasiado en este punto, pero no lo creo así. Para ayudarte a ser profesor de ti mismo, una persona verdaderamente brillante y capaz, debes despertar la fe, la confianza en ti mismo y el coraje suficiente, como lo he hecho yo durante estos últimos diez años con más de tres mil estudiantes que se consideraban a sí mismos fracasados e inútiles. Aquellos que llevaron a la práctica mis consejos y las estrategias que después te daré cambiaron su vida como estudiantes y como personas. Todos me repiten lo mismo: «Bernabé, lo mejor de todo no es que ahora apruebe con notas excelentes, eso está muy bien, sino que soy más feliz, me encuentro más a gusto conmigo mismo, y mi comportamiento es mejor en casa y en todas partes». Necesito tu fe ciega en tus posibilidades y tu coraje, esa savia interna que te haga decir: «¡Se acabó la miseria de los suspensos! Tomo la firme decisión de cumplir a rajatabla lo que Bernabé me dice en su libro durante un curso y, si no es verdad, le escribiré para decirle que es un farsante». Así te quiero ver, con rabia y con ganas de cambiar.

Viktor Frankl dice: «La última de las libertades humanas es poder elegir la actitud de uno en cualquier ocasión, poder elegir la manera de ser de cada uno». Pues bien, yo te digo: ¡cambia de actitud y de pensamientos derrotistas y negativos sobre ti mismo! Empieza a considerarte como ese estudiante eficaz, alegre y voluntarioso que encuentra placer en el estudio y controla su propia vida, y habrás empezado a caminar hacia el éxito.

4. *Rodearte de compañeros y amigos estudiosos*, sensatos y maduros que reúnan esas cualidades que atribuíamos a los estudiantes sanos mental y psicológicamente, ya que todo se contagia y nada enseña y arrastra más que el buen ejemplo de los amigos.

Si tienes amigos que no aprovechan el tiempo, se ríen o menosprecian a los estudiosos, y que son un claro ejemplo de todo lo que no debe ser un estudiante eficaz, tienes que dejarlos o, de lo contrario, los consejos, las técnicas y las enseñanzas de este libro no te servirán de nada. Así de claro hablo yo y tengo motivos para hablar así, porque he visto y tratado cientos de casos de buenos estudiantes que en 1.°, 2.° o 3.° de ESO empezaron a fracasar estrepitosamente por culpa de los amigos. Pon en tu vida de estudiante uno o más amigos responsables y estudiosos, y habrás dado un paso de gigante hacia el éxito en los estudios.

Prevención de la fatiga

Es fundamental que estudies con «toda» tu mente, con «todas» tus energías, con «toda» tu ilusión, «todo» tu interés y «toda» tu curiosidad y deseos de aprender más y mejor. En el estudio no sirve de nada hacer las cosas a medias. Ya lo dijo Jean Guirton: «No toleres ni medio trabajo, ni medio descanso. Entrégate por entero, o bien relájate por completo». Si tu entrega al estudio es total, y lo haces con el máximo interés y descansado física y psíquicamente, la fatiga tardará en aparecer.

Pero llegará un momento en que notarás los primeros síntomas del cansancio y de la fatiga mental; es entonces cuando debes dejar de estudiar y no forzar tu «máquina». Tómate el tiempo necesario para el descanso y realiza actividades que no tengan relación con el estudio.

Si eres inquieto y nervioso, más o menos hiperactivo, conviene que estudies durante espacios de tiempo más cortos, por ejemplo alternando tiempos de veinte-treinta minutos con un poco de descanso entre ellos. Se ha demostrado, además, que si una lección precisa, por ejemplo, dos horas de estudio seguidas para aprenderla bien, si la estudiamos en espacios de tiempo más cortos, de veinte-veinticinco minutos, necesitaremos tan solo un poco más de la mitad de tiempo para aprenderla, como una hora y cuarto. Se ahorran tiempo y energías.

No olvides que hay situaciones y circunstancias especiales que predisponen a la fatiga, tales como padecer algún tipo de afección orgánica, una alimentación insuficiente, las alteraciones mentales, la crisis del crecimiento, el trabajo intelectual realizado con métodos inadecuados, etc.

Sugerencias al profesor-educador

Aunque este es un libro para estudiantes, sé que lo leerán muchos profesores. Por eso, me tomo la libertad de ofrecer desde estas páginas algunas sugerencias para quienes las admitan. Quienes piensen que ya lo saben todo, seguramente no tendrán este libro en sus manos. Por eso me dirijo a los que llevan dentro de sí alma de profesor-educador, a quienes están en la enseñanza por vocación y son conscientes de la trascendencia de su labor educativa. Vaya por delante mi admiración y reconocimiento a tantos profesores que llevan a cabo con dificultad la más importante y trascendental tarea para la sociedad como es la de educar. Estas son mis sugerencias en forma de decálogo:

1. *Ese alumno que tienes ante ti es*, ante todo y sobre todo, *un ser humano* que necesita respeto, afecto y comprensión mu-

cho más que tu ciencia. *Respétalo,* hazle sentirse valioso e importante por algo, dale un voto de confianza, a pesar de sus fracasos y verás como es mucho más fácil que aprenda tus lecciones.

2. *Valora* todos sus esfuerzos, sus logros, pequeños o grandes, y trata de demostrarle que tú lo tienes presente, que te importa.

3. Aprovecha la ocasión que se te presente cualquier día en que ha estudiado más y ha tenido una actuación brillante. *Habla con él* a solas y dile: «Veo que eres muy capaz, cuando pones voluntad y esfuerzo, y desde hoy espero mucho más de ti. No me defraudes».

4. *Cuando empiece a descender su interés*, su capacidad de atención, concentración y esfuerzo, y no sepas la causa, *dedícale unos minutos de tu tiempo*, háblale como si fueras un hermano mayor, un buen amigo, y ponte a su disposición para ayudarle. Es posible que tenga problemas personales, familiares, afectivos o de otro tipo y nadie como tú puede servirle para superarlos.

5. *Procura que cada uno* de tus alumnos *se sienta en la clase útil para los demás, que aporte lo mejor de sí*. Si es brillante en matemáticas, que ayude a los compañeros que van mal en esa asignatura, y los estudiantes que solo sean buenos o medianos en una materia, que expliquen y enseñen a los que saben menos que ellos. Así crearás un clima de colaboración y ayuda mutua y todos se sentirán importantes por algo.

6. *En la etapa de la adolescencia* y *de la juventud*, no pocos estudiantes son muy tímidos, no saben hacer amigos y se sienten muy solos. Procura estar atento y *trata de ayudarles a integrarse en grupos de trabajo*, en tareas comunes, y procura conseguir que la clase sea un lugar donde todos se respetan, valoran y ayudan.

7. *Educamos más por lo que somos, por nuestra conducta y nuestro ejemplo que por lo que decimos.* Recuerda que cualquier actitud, virtud, cualidad o conducta que pretendas cultivar en tus alumnos debes poseerla tú y ser un fiel ejemplo. No hay nada más perjudicial para el educando que comprobar día a día la incoherencia de algunos profesores: exigen respeto y son los primeros en no respetar; exigen disciplina y puntualidad, y no corrigen los exámenes ni son puntuales en llegar a clase... «Verba movent... exempla trahunt!» («Las palabras conmueven... los ejemplos mueven»).

8. *Estimula la labor de equipo,* el trabajo en pequeños grupos, y que hasta los menos motivados e ilusionados tengan cada día la oportunidad de mejorar y sientan sobre sí el empuje afectuoso y cálido de los compañeros de grupo que le invitan a superarse, haciendo del aprendizaje una tarea común.

9. *Cada alumno es un ser único e irrepetible,* aunque su conducta deje mucho que desear, *déjale siempre una puerta abierta a la esperanza, no le descalifiques,* no le pongas etiquetas, no hagas sobre él profecías ni le pronostiques un futuro de miseria, porque tu juicio de hoy, si es negativo y destructivo, tendería a cumplirse de manera irremediable. Ofrécele una visión lo más positiva posible de sí mismo.

10. *Sé un generador permanente de ilusión y entusiasmo,* porque lo contagiarás a tus alumnos, y lograrás que la clase se convierta en un lugar donde se va a disfrutar aprendiendo.

La influencia del entorno

Entre los factores que afectan a la eficacia en el aprendizaje, el entorno físico que rodea al estudiante influye mucho más de lo que se cree. No se puede afirmar alegremente que cualquier sitio es bueno para estudiar.

El lugar de estudio

Es conveniente que dispongas siempre del mismo lugar o *espacio real para estudiar*, porque la familiaridad con el entorno físico favorecerá la concentración en lo que estés haciendo.

Tu habitación de estudio debe reunir condiciones acogedoras. Desde el punto de vista psicológico y afectivo, debe ser «el rincón o el refugio» preferido donde te encuentres más distendido, relajado y a gusto.

Tus padres, tus hermanos y los demás miembros de la familia deben respetar al máximo la intimidad personal de tu habitación, porque tú necesitas esa pequeña parcela propia para sentirte a solas contigo mismo y con tus cosas, tus libros, tus trabajos, tus recuerdos, tus secretos..., tus penas y tus alegrías.

Dado que las condiciones de estudio, por falta de espacio físico, son inadecuadas en la mayoría de los hogares, los centros educativos deberían habilitar lugares de estudio, además de la biblioteca, en horas extraescolares para los estudiantes que lo necesiten.

El lugar de estudio ideal debe tener unos requisitos que explicaremos con detalle a continuación.

Silencio

El ruido tiene siempre unos efectos negativos, no solo para el propio aparato auditivo, sino también para el equilibrio psicofísico de la persona y, por supuesto, para la adecuada concentración mental del estudiante.

Se sabe que la insonorización de una sala de trabajo influye en el incremento de la producción en un 20 por ciento, y en un taller disminuye en un tercio el número de accidentes de trabajo.

No solo es necesario atenuar los ruidos procedentes del exterior (vecinos, tráfico, etc.), sino, sobre todo, los que se originan en el interior de la propia casa (voces, gritos, radio, televisión, aspiradoras, secadores, teclados de ordenador...). Y evitarlos debe ser una tarea compartida por todos. Parece ser que si el ruido es constante el ser humano se adapta mejor a él, pero ante los ruidos intermitentes es casi imposible concentrarse y rendir intelectualmente.

La voz humana provoca todavía mayor distracción, ya que encierra un mensaje que interfiere de manera directa en el trabajo intelectual del estudiante e impide su concentración.

Estudiar con música es el vicio de los estudiantes actuales y muchos pretenden engañarse a sí mismos y a sus padres diciendo que así se concentran mejor, pero en realidad no es aconsejable estudiar con música, sobre todo si el trabajo requiere una gran concentración mental.

Si estudias con los auriculares puestos, es totalmente imposible que rindas al máximo, ya que el estímulo incide de manera directa en el oído y te impide mantener el nivel suficiente de atención y concentración para estudiar.

No obstante, en algunas actividades como el dibujo, pasar fichas a limpio o realizar trabajos manuales que requieren poca concentración, una música suave de fondo puede ser incluso aconsejable, porque mantiene distendido y relajado al estudiante.

Debo decir que algunos estudiantes, incluidos mis propios hijos en la época en la que asistían al instituto o la universidad, se sienten más tranquilos y pueden estudiar durante más tiempo si escuchan una leve música de fondo que les hace compañía y los «ambienta», como dicen ellos, pero todo lo que sea música fuerte, canciones, etc., es completamente desaconsejable.

Temperatura e iluminación

La actividad intelectual requiere una temperatura aproximada de 20 grados. El frío nos produce inquietud y nerviosismo y la temperatura excesivamente alta, sopor y fatiga. En ambos casos queda afectada la capacidad de atención y concentración. Lo ideal es que el ambiente sea agradable y mejor ligeramente fresco, y que la temperatura sea homogénea en la habitación, sin que existan junto a la mesa de estudio focos de calor como estufas, radiadores o braseros.

Por lo que se refiere a la iluminación, lo mejor es disponer de buena luz natural, pero, como esto no siempre es posible, veamos cuál es la luz artificial que más se asemeja a la natural y en qué condiciones.

Parece que la luz amarilla es mejor que la azul, porque la máxima visibilidad se obtiene con la del día o con alumbrados que se le aproximen, y la amarilla se asemeja más a la luz natural. Lo más aconsejable es que la luz esté bien distribuida por la habitación y no se proyecte directamente sobre los ojos, y que haya en la habitación dos focos de iluminación: uno de iluminación general o de fondo, ligeramente más débil que el otro local, más cerca de la mesa de estudio. Recordemos que a los diestros, el haz de luz debe entrarles por la izquierda y a los zurdos, por la derecha.

Resulta muy práctica la lámpara articulada, adaptable a la posición que más convenga y con bombilla de 60 vatios, que puede ser ligeramente azulada para quienes noten que les descansa más la vista.

El mobiliario imprescindible

Lo componen una mesa, una silla y las estanterías para los libros.

La mesa dispondrá de un tablero con una superficie mínima de 1 × 0,50 metros para estudiantes de primaria, pero el estudiante de ESO, bachillerato y universidad trabaja mucho mejor en una mesa amplia, no menor de 1,50 × 0,75 metros.

La superficie del tablero debe ser mate para evitar reflejos sobre los ojos y conviene que esté dotado de un mecanismo regulable que permita convertir parte del mismo en atril. El libro quedará perpendicular a los ojos y la lectura será más descansada.

La silla ha de tener una altura proporcional a la talla del estudiante y a la mesa; tendrá un firme respaldo en el que se apoye la parte inferior de la espalda, que ha de quedar bien recta, mientras los muslos forman ángulo recto con el pecho.

Las estanterías han de situarse junto a la mesa de estudio, para que el alumno disponga fácilmente del material de trabajo y de consulta.

El oxígeno y la relajación

El cerebro consume gran cantidad de oxígeno durante el trabajo intelectual, y el aire viciado de la habitación desciende en gran medida el rendimiento en el estudio, por lo que el estudiante debe tener cuidado no solo de ventilar a menudo su habitación cada dos o tres horas, sino de extremar la limpieza en general del suelo, del polvo de las estanterías y de toda esa suciedad que queda siempre en los rincones cuando no se hace una limpieza a fondo de toda la habitación.

A continuación aconsejo al estudiante que cuando descanse de su trabajo de estudio practique varias veces la respiración profunda.

Debes inspirar (tomar aire) empezando por el abdomen, como si trataras de extraer todas las toxinas de la circulación sanguínea con una aspiradora. Ve contando mentalmente, y si el acto de inspirar (tomar aire) te hace contar hasta cinco (por ejemplo), debes mantener el aire en tus pulmones sin expulsarlo tres o cuatro veces más, es decir, contando mentalmente hasta quince o veinte, y después expulsarlo (espirar) contando hasta diez, el doble de tiempo que la acción de inspirar.

Sé que te estarás preguntando el porqué de todo esto y te lo voy a explicar.

La espiración debe durar el doble que la inspiración porque durante esta fase eliminas las toxinas por vía del sistema linfático. Es necesario contener durante este tiempo el aire inspirado para que oxigenes bien tu sangre y actives el sistema linfático.

Practica al menos tres o cuatro veces al día ejercicios de respiración profunda, una serie de diez respiraciones cada vez, y siempre que te sientas cansado, temeroso, deprimido o antes de los exámenes. Recuerda que «respirar es vivir», y respirar mucho y bien equivale a vivir mucho y bien.

La relajación

Es tan importante como la oxigenación. Debes practicarla tal y como te aconsejé en páginas anteriores y una o dos veces al día.

RESUMEN

- La primera condición para un estudio eficaz es tener una buena forma física, para lo cual es necesario que el estudiante duerma lo necesario, tenga una alimentación adecuada y racional, practique algún deporte que le guste de forma constante y continuada, y haga ejercicios sencillos de relajación que contribuyan a reparar el cansancio físico y psíquico.
- Un punto, a veces olvidado, es la higiene mental y psíquica. Los indicadores de esta salud mental se concretan en un buen nivel de autoestima, en la ausencia de complejos y en mantener una actitud receptiva en la que se demuestre la curiosidad y el interés por aprender.

  Para conseguir todo esto es necesario que el estudiante se marque una meta por la que trabaje con ilusión y persistencia; debe, además, conocerse y aceptarse de modo realista y asumir objetivamente las equivocaciones, los fallos y las frustraciones. Un paso importante es rodearse de compañeros y amigos estudiosos que contagien la motivación y el interés por los estudios.
- Es importante que el profesor-educador considere al estudiante como una persona única e irrepetible, que se merece respeto y consideración y al que hay que valorar todos sus esfuerzos y logros. Asimismo, el docente debe estar atento a cualquier cambio brusco en el comportamiento o actitud del alumno y dispuesto a ayudarle a superar sus problemas. La mejor forma de transmitir valores y cualidades es siendo ejemplo de ellos, y con nuestra actitud podremos cultivarlos entre los alumnos, generando permanentemente la ilusión y el entusiasmo, promoviendo el trabajo en equipo y una visión optimista de los demás y de sí mismo.
- También podemos adecuar el entorno a nuestras necesidades. El lugar de estudio debe reunir una serie de condiciones tales como evitar los ruidos ambientales e incluso prescindir de la música durante el estudio. Debemos cuidar la temperatura, la iluminación y el mobiliario. Es necesario que el lugar de estudio permanezca limpio, sobre todo de polvo, y suficientemente oxigenado.

| capítulo dos | La importancia del método |

El método utilizado en el estudio tiene una importancia decisiva, ya que la materia objeto de estudio puede resultarnos verdaderamente interesante y provechosa o árida y aburrida, según el que el profesor elija en el proceso didáctico.

Los contenidos o las materias que se han de estudiar no logran, por sí mismos, provocar o desencadenar un aprendizaje eficaz, a no ser que el método utilizado por el profesor los actualice, facilitando su comprensión, asimilación y puesta en práctica. Es entonces cuando el estudio cunde y resulta una actividad deseada, provechosa e interesante.

La labor didáctica del profesor es decisiva para suscitar interés en el alumno. Una materia, expuesta sin método o con uno deficiente, sin ilusión o sin aportar al alumno destrezas que faciliten la asimilación y aprendizaje, puede provocar efectos negativos tales como rechazo, aburrimiento y desinterés.

La calidad interesa más que la cantidad de los conocimientos en el aprovechamiento intelectual. Resulta poco práctico estar condicionado de forma obsesiva por acabar el programa. No se puede enseñar bajo la opresión dictatorial de un programa y de unos contenidos.

El orden, fundamental

Es mejor adquirir pocos conocimientos, pero de una manera firme, sistemática y lógica, que muchos de manera superficial, inconexa y desordenadamente, ya que la desorganización de los contenidos impide su fácil asimilación y se olvidan con facilidad.

Etimológicamente, la palabra «método» procede de dos vocablos griegos: *metá* = 'más allá, a través', y *odós* = 'camino, camino que se recorre'.

Por tanto, en el estudio, el método incluirá los pasos necesarios para alcanzar el fin, que no es otro que el aprendizaje de la materia o contenidos propuestos.

En el método hay una acción coherente, pensada, ordenada y buscada mediante un acto de voluntad. Sea cual sea el objetivo propuesto, el método para alcanzarlo incluye las siguientes cuestiones:

— La materia.
— Los medios o recursos disponibles.
— La selección de los procedimientos más adecuados según lo que deseamos conseguir.
— El orden para llegar al objetivo de la forma más racional y eficiente, escalonando bien los recursos y los procedimientos para lograrlo con la mayor seguridad, ahorro de esfuerzos y alto rendimiento.
— El tiempo que marcará el ritmo y dedicación que hemos de imprimir al trabajo.

Tipos de métodos de estudio

La didáctica distingue dos tipos de métodos: *a)* los clásicos o lógicos, que consideran el aprendizaje como una función estrictamente intelectual, y *b)* los métodos modernos, empleados en la escuela activa, que contemplan al individuo desde todos los ángulos y tratan de adecuarse al nivel de sus funciones motrices, cognoscitivas, del lenguaje, afectivas, sociales...

a) *El método lógico*. Pretende crear en el individuo una mente ordenada y estructurada mediante un sistema lógico, para lo cual hay cuatro vías:

— *Análisis*. El pensamiento se dirige desde el todo a la contemplación y el estudio de cada una de sus partes.
— *Síntesis*. Contemplado lo básico y lo común en cada una de las partes, el pensamiento se eleva desde ellas al todo que las incluye en su unidad.
— *Inducción*. Sirve para dirigir el pensamiento de lo singular o particular a lo universal.
— *Deducción*. Es útil para acceder de lo universal o genérico a lo particular o específico.

b) *El método didáctico*. Activa la mente mediante técnicas adaptadas al sujeto y al grupo de aprendizaje al que es asignado según su capacidad, edad cronológica y mental, nivel de conocimientos y aptitudes, intereses, etc. Este método facilita el aprendizaje y permite llegar al individuo:

— De lo más fácil y accesible a lo más difícil.
— De lo más simple a lo más complicado.
— De lo concreto a lo abstracto.
— De lo cercano e inmediato a lo más remoto.
— De lo más conocido a lo menos conocido.

Diseño de un método propio

No existe «el método ideal», válido para todos y «remedio de todos los males», sino uno para cada uno, pero teniendo en cuenta que no hay aprendizaje sin esfuerzo. Para estudiar es imprescindible querer hacerlo de verdad, pues los mejores métodos fracasan si no hay voluntad.

A continuación, en síntesis, os presento las recomendaciones para el diseño de un buen método de estudio:

— Organización del material de trabajo, de manera que permita en cada momento encontrar un dato, un artículo, un libro... «Un sitio para cada cosa y cada cosa en su sitio».

— Distribución del tiempo de forma flexible, adaptada a las circunstancias y contando con la posibilidad de efectuar alteraciones o cambios en caso de que surjan imprevistos.

— Tener en cuenta las dificultades concretas que presenta cada materia o los contenidos que requieren una atención más intensa.

— Averiguar el ritmo personal de trabajo.

— Ser realista y valorar la capacidad de comprensión, la tenacidad o la fiabilidad de la memoria, así como las dificultades que uno encuentra en el aprendizaje.

Procedimiento práctico

Para conseguir el máximo rendimiento en el menor tiempo posible es recomendable tener en cuenta las siguientes observaciones:

— Retirar de la mesa de trabajo todo lo que pueda distraer o constituir un estorbo.

— Examinar cuidadosamente los trabajos que se han de realizar.

— Hacer un cálculo aproximado del tiempo que puede necesitar cada uno de ellos.

— Comenzar por los trabajos más difíciles y dejar los más fáciles para el final.

— Memorizar datos, entenderlos y fijarlos.

— No estudiar materias que puedan interferirse (*transfer negativo*) unas a continuación de otras. Por ejemplo, un vocabulario de inglés a continuación de otro de alemán.

— Procurar relacionar estudios o aspectos semejantes de una misma cuestión. Después de trabajar, por ejemplo, sobre el Arte del Renacimiento, hacerlo sobre las ideas o pensamientos filosóficos de la misma época.

El método de estudio Robinson (EPL2R)

Este método de estudio sistemático ha sido considerado como una ayuda de primer orden en muchas universidades norteamericanas. EPL2R es una sigla que recoge los cinco momentos o fases fundamentales de este proceso metodológico: explorar, preguntar, leer, recitar y repasar.

1. *Explorar*. Lo primero que hay que hacer al enfrentarse a la lectura de un libro es explorar, indagar sobre los fines y los propósitos que han conducido al autor a escribirlo. El prólogo, los índices de la obra y los resúmenes que puedan ofrecerse al final de cada capítulo nos ayudarán en esta tarea.

Además, una rápida ojeada sobre estos elementos y los contenidos generales del libro nos permitirán formarnos una visión global que nos servirá de guía en el estudio más pormenorizado que haremos más tarde de las distintas partes del mismo.

Se abre un interrogante que nos mantendrá en «suspense» durante toda la lectura: ¿responderá el autor a los objetivos que se ha planteado?

Asimismo, importa informarse sobre el autor, su mentalidad, sus cualidades humanas, técnicas literarias... No es igual un libro de Ricardo de la Cierva que de Rafael Alberti.

Cuando se trate de obras científicas o manuales de estudio es importante fijarse en los datos técnicos de la edición, en especial la fecha de impresión, que nos puede aclarar mucho sobre la actualización de los datos y los contenidos. No es igual un libro publicado en 1970 que otro en 1987.

2. *Preguntar.* A medida que vamos leyendo nos iremos haciendo preguntas a las que el autor no haya respondido. De esta manera adoptamos una actitud crítica y activa; es decir, no recibimos pasivamente lo que el autor nos dice, sino que entramos en diálogo con él y ponemos en relación lo que leemos con nuestros intereses personales.

Además de estos interrogantes es bueno preguntarse también al iniciar cada capítulo en qué medida contribuye este capítulo a la consecución de los objetivos generales que el autor se ha propuesto.

3. *Leer.* Leer equivale a analizar y a saber resumir. Una lectura activa nos obliga a subrayar, a tomar notas, a hacer esquemas...

Saber leer significa tener capacidad para discriminar lo esencial de lo accesorio, saber diferenciar las ideas principales de las secundarias o de los simples detalles.

4. *Recitar.* Al final de cada capítulo o de cada apartado importante, hemos de estar en condiciones de sabernos contar a nosotros mismos la síntesis de lo leído, porque nos ayudará a fijar las ideas más importantes y a no convertir la lectura en un ejercicio mecánico falto de profundidad.

Además, la recitación potencia nuestra memoria y la atención, y mantiene despierto nuestro interés.

Por otra parte, nos permite descubrir errores y lagunas al mostrarnos dónde hay algo que no hemos entendido correctamente.

Como dirían C. T. Morgan y J. Deese: «La recitación puede poner de manifiesto nuestra ignorancia, y esto es prueba de que constituye un método realmente eficaz».

5. *Repasar*. El repaso no es una técnica que debamos utilizar únicamente en caso de exámenes, sino siempre que estemos interesados en aprender.

Poner en práctica lo antes posible lo que leemos o estudiamos es la mejor manera de garantizar su recuerdo; contar a otros lo que estamos leyendo o estudiando nos sirve de repaso.

Es bueno repasar los apuntes que se toman en las clases lo antes posible, pensándolos o discutiéndolos con nuestros compañeros, aunque solo sea durante algunos minutos.

RESUMEN

- Los contenidos o las materias que se han de estudiar deben estar acompañados de un método eficaz que proporcione al alumno una ayuda para comprender, asimilar y poner en práctica los conocimientos adquiridos. En este sentido, la labor didáctica del profesor cumple un papel imprescindible y debe tener siempre un objetivo fundamental: despertar el interés del alumno.
- Es importante establecer un orden en el método, para evitar que los conocimientos se adquieran de una manera desorganizada e inconexa. En el método habría que definir la materia, los medios y el tiempo del que disponemos y, sobre todo, el orden para llegar al objetivo.
- La didáctica distingue entre *métodos lógicos* y *métodos didácticos*. Los *métodos lógicos* se caracterizan por intentar estructurar la mente del alumno de una manera ordenada mediante cuatro vías: análisis, síntesis, inducción y deducción; el *método didáctico* adapta las técnicas al individuo y/o al grupo de aprendizaje en el que está incluido.
- No existe un «método ideal», cada uno de nosotros puede elaborar uno propio atendiendo a sus necesidades. Para ello, debemos tener en cuenta el material, que siempre debe estar ordenado; el tiempo y su distribución; las dificultades concretas de la materia; el ritmo personal de trabajo, y no olvidar las capacidades y las dificultades que conlleva el aprendizaje.
- En la práctica, debemos tener en cuenta estos consejos: retirar de la mesa de trabajo todo lo que pueda distraernos, establecer un horario para realizar las tareas y distribuirlas para impedir que haya interferencia entre los contenidos.
- El método de estudio Robinson (EPL2R) establece un proceso metodológico que consta de cinco pasos: explorar, preguntar, leer, recitar y repasar. De esta manera el estudiante es un ser activo y objetivo que despierta su propio interés y aumenta su rendimiento.

capítulo tres — La lectura, instrumento primordial del aprendizaje

Si, como afirman los tratados sobre el aprendizaje, «leer equivale a pensar», la lectura es el instrumento para desarrollarnos intelectualmente y ejercitarnos en el estudio.

Desarrollo de aptitudes con la lectura

Sea cual sea el tipo de lectura que ejercitemos (en voz alta, en silencio, dirigida, lenta, profunda, rápida...), se han de poner en práctica las siguientes aptitudes que hacen posible el aprendizaje y el desarrollo intelectual:

— *Localización de la información.* Hay dos procedimientos muy sencillos para desarrollar esta destreza: antes de leer un texto, se hacen previamente una serie de preguntas sobre datos que pueden ser encontrados en el texto que vaya a leerse, y, sobre un tema dado, buscar datos originales localizables en revistas, periódicos, estadísticas o textos de los que pueda disponerse.

— *Evaluación de la información que se precisa* para unos fines concretos. Se desarrolla habituándose a especificar de manera puntual y precisa la cantidad y la calidad de datos que se necesitan y averiguar dónde es posible encontrarlos.

— *Organización*. Se logra estableciendo una relación jerárquica entre los contenidos aprendidos, dejando bien claros los nexos que unen unos conceptos básicos con otros. Destacando el «trigo» de la «paja».

— *Retención de la información*. Es consecuencia de la capacidad organizativa, pues si lo aprendido queda estructurado de manera que tenga pleno sentido para el estudiante, es fácil su integración en la estructura cognoscitiva del individuo. («Solo se aprende lo que se comprende.»)

— *Expresión y comunicación*. Es la «prueba de fuego» que permite averiguar si se ha completado el proceso de aprendizaje. Un individuo sabe aquello que es capaz de comunicar a los demás.

Lectura inteligente: una búsqueda de ideas

En lo que leemos podemos encontrar muchas palabras y captar pocas ideas. Así pues, hay que saber descubrir las ideas más allá de la masa de palabras. Asimismo hay que tener en cuenta que con unas mismas palabras se pueden expresar ideas muy diferentes: no es lo mismo «probarse un traje negro para verse» que «verse negro para probarse un traje».

En definitiva, en un texto lo que importa son las ideas, no las palabras, y el lector inteligente sabe descubrir entre todas ellas aquellas que *sintetizan* la idea central, y también sabe expresar dicha idea con las propias palabras aunque el texto la exponga extensa o farragosamente.

Tipos de lectura

Según la forma

1. *Lectura mecánica.* Se limita a convertir los signos escritos en fonéticos. Identifica las palabras, pero no capta su significado; por tanto, el nivel de comprensión es prácticamente nulo.
2. *Lectura literal.* Es la más elemental y se caracteriza por una comprensión superficial del contenido.
3. *Lectura oral o en voz alta.* Se practica cuando articulamos el texto en viva voz, sonoramente.
4. *Lectura silenciosa.* Se capta mentalmente el mensaje escrito sin pronunciar palabras, siguiendo con la mirada las líneas, en silencio. Tiene buen nivel de comprensión.
5. *Lectura comprensiva.* Es la lectura que vuelve una y otra vez sobre los contenidos impresos, tratando de desvelar e interpretar bien su verdadero significado.

Según la finalidad

1. *Lectura global o de información general.* Su fin es captar una idea general de los contenidos fundamentales de una lección o tema, sin descender a detalles. Este tipo de lectura debe hacerse a bastante velocidad, forzando la mente a ceñirse a los conceptos más esenciales.
2. *Lectura selectiva o de reconocimiento.* Nos permite buscar datos o aspectos muy concretos de interés para el lector y se hace con rapidez. Una vez descubierto el dato necesario, se prescinde del resto de la información.
3. *Lectura crítica.* Tiene un carácter interpretativo, porque su fin es deducir lo que quiere comunicar el autor y contrastarlo con nuestro propio criterio sobre el mismo tema.

Es probable que de este contraste de ideas surja un reajuste de nuestros conocimientos a causa de la precisión, la claridad y la abundancia de datos que nos ha proporcionado la nueva información. Es una lectura lenta y reflexiva.

4. *Lectura literaria o estética.* Tiene como objetivo analizar y descubrir la belleza del lenguaje, la calidad del estilo, la riqueza expresiva, el género literario a que pertenece..., para lo cual se necesita cierta cultura o conocimiento.

5. *Lectura recreativa o de pasatiempo.* Su fin principal es entretener, dejar volar la imaginación... Sea lo que sea lo que leamos, siempre aprenderemos cosas nuevas e incrementaremos nuestra cultura.

6. *Lectura reflexiva o meditativa.* Es la que practica el hombre profundo, el pensador y el filósofo. Es una lectura mucho más densa, lenta y reposada que cualquier otro tipo, ya que presupone el grado más elevado de abstracción, reflexión y concentración. En el transcurso de esta lectura se produce una «cascada» de ideas de gran calidad, riqueza y profundidad de contenido, que el lector va cotejando y relacionando, buscando todas las afinidades, las aproximaciones y los contrastes posibles.

7. *Lectura de estudio.* No es fácil diferenciarla de la comprensiva. Sin embargo, nosotros creemos que la de estudio es la síntesis de todos los tipos que acabamos de analizar, aunque sus objetivos son la comprensión, la asimilación y la retención de los contenidos leídos.

Seudolecturas

Son superrápidas y solo pretenden «leer muy por encima».

1. *Lectura de rastreo.* Consiste en visualizar rápidamente dos o más líneas por la página, en un movimiento de zigzag, para for-

marse en breves segundos la idea general del contenido de un texto. Se suele practicar en la lectura de periódicos y revistas. En el rastreo se alcanzan dos mil palabras por minuto.

2. *Lectura de localización.* Solo pretende encontrar un dato: una palabra en el diccionario, una cita, un número de teléfono en la guía...

Buenos y malos lectores. Características distintivas

El buen lector

— Es capaz de comprender el contenido del mensaje escrito, de juzgarlo y de apreciar su valor estético.

— Interpreta las palabras escritas, comprende su sentido, capta las ideas y los mensajes del autor, coteja las novedades que el autor le ofrece con los conocimientos que ya posee y valora críticamente lo leído para aprenderlo o rechazarlo.

— Lee mucho y está abierto a la experiencia de los demás. Trata de informarse sobre las distintas opiniones que han emitido sobre un tema concreto los autores más relevantes y cualificados.

— No se deja arrastrar por ideas preconcebidas, ya que es consciente de que los juicios prematuros conducen fácilmente al error.

— Se esfuerza por tener, en la medida de lo posible, el mayor número de ideas claras y precisas sobre un tema.

El mal lector

— Es incapaz de centrar la atención en la lectura y pasa las páginas del libro sin captar su contenido.

— Es pasivo y rehúye las tareas de releer, subrayar, hacerse preguntas, extractar y reflexionar.

— Aunque no entiende lo que lee, sigue leyendo sin profundizar en el contenido, y sin entender el mensaje que el autor desea transmitir.

— Deja dudas sin resolver ante datos, citas o alusiones.

— Posee un «haz de reconocimiento» o campo de visión muy pequeño, de tan solo una o dos palabras por fijación. Esto le hace ser lento y regresivo en la lectura.

— Posee un vocabulario muy reducido, lo que le dificulta la comprensión del mensaje y entorpece la expresión de las ideas propias.

RESUMEN

- Las aptitudes que hacen posible el aprendizaje y el pensamiento se desarrollan a partir de la lectura, y pueden servir para localizar una información o evaluar la que se precisa; y para organizar los contenidos, retenerlos y expresarlos o comunicarlos, poniendo a prueba si ha sido eficaz el proceso de aprendizaje.
- La lectura nos da conocimiento y nos ayuda a expresar ideas. Existen diferentes tipos según sea la forma o la finalidad. Según la forma, puede ser simplemente mecánica, literal, oral, silenciosa y/o comprensiva; según la finalidad, la lectura puede ser global, selectiva, crítica, literaria, recreativa, reflexiva o de estudio. También existen seudolecturas, que solo pretenden «leer por encima», y pueden ser de rastreo y sobrelectura de localización.
- Hay características distintivas entre el buen lector y el mal lector. El *buen lector* se distingue por su capacidad para comprender e interpretar lo que lee; se muestra receptivo ante las experiencias de los demás y no se deja arrastrar por ideas preconcebidas. El *mal lector*, en cambio, es incapaz de centrarse en la lectura, es pasivo e incapaz de entender lo que está leyendo; todo esto queda reflejado en su vocabulario reducido y en la lentitud de su lectura.

| capítulo cuatro | Cómo desarrollar la velocidad de la lectura |

El lector medio lee al 50 por ciento de sus posibilidades. Si ahora mismo coges un libro, seguramente no leerás más de doscientas cincuenta palabras por minuto; pero si practicas durante unos días con ejercicios adecuados, en un par de meses serás capaz de leer quinientas palabras por minuto, sin que por ello disminuya tu nivel de comprensión.

¿Por qué unas personas leen más rápidamente que otras?

Unas personas leen con más rapidez que otras porque a fuerza de entrenamiento han logrado un «haz de reconocimiento» o campo de visión muy amplio. Se entiende por «haz de reconocimiento» el trozo de línea que cada lector puede captar con un solo golpe de vista; de ahí que, cuantas menos fijaciones o detenciones hagamos por línea, mayor será el campo de visión y mayor rapidez tendremos al leer.

Mientras leemos, nuestros ojos se mueven de izquierda a derecha a lo largo del renglón o la línea; pero el movimiento ocular no es continuo, sino intermitente, y da lugar a unas breves pausas apenas perceptibles durante el recorrido por las líneas.

Como el cerebro humano solo puede reconocer las palabras durante el instante en que los ojos quedan fijos (apenas un cuarto de segundo), cuantas menos fijaciones necesitemos, más veloz será nuestra lectura. En cada fijación solo pueden enfocarse con plena claridad de tres a cinco letras, pero a izquierda y a derecha de estas, perfectamente enfocadas, se perciben otras palabras que nuestro cerebro reconoce y capta.

Hay personas que de una o dos ojeadas captan una línea entera, ya que poseen un campo de visión amplísimo: los lectores muy rápidos; otros, en cambio, necesitan varias fijaciones para leer un renglón: los lectores muy lentos.

Los malos hábitos de lectura

Estos hábitos deben dejarse y sustituirse por otros que sean positivos y favorezcan una lectura eficaz. Entre todos los malos hábitos de lectura hay cuatro que conviene saber: la regresión, la vocalización, la subvocalización y los movimientos corporales.

1. La *regresión*. Es un defecto muy frecuente que consiste en volver sobre lo ya leído antes de terminar el párrafo; a veces incluso, apenas leídas dos o tres líneas, se vuelve al principio del párrafo. La regresión provoca un efecto negativo sobre la velocidad de lectura y la comprensión de lo leído, ya que se fragmenta el pensamiento, se pierde la idea general de lo que se está leyendo y la concentración disminuye.

Para acabar con este hábito conviene habituarse a «leer siempre hacia delante», con ritmo y fluidez. Resulta muy eficaz en la corrección de este defecto la «tarjeta postal» o un señalador, con los que se van cubriendo los párrafos ya leídos, deslizándolos hacia abajo a un ritmo ligeramente superior al que se esté acostumbrado a leer.

2. La *vocalización*. El mal lector, que siempre es lento, tiene la costumbre de sus años escolares de leer las palabras en voz alta o acompañar la lectura con movimientos labiales, aunque no emita sonidos.

Este hábito, aunque necesario en los primeros años de nuestra formación, constituye un grave impedimento en etapas posteriores para una lectura eficaz, rápida y comprensiva. La razón es evidente, ya que, al estar pendiente de cada palabra y de vocalizarla, distraemos la atención de lo fundamental, o sea, de captar las ideas principales.

El método más eficaz para evitar la vocalización consiste en obligarnos a leer en silencio, pasando a gran velocidad la vista sobre el renglón, y así ejercitarnos en leer ideas, no palabras.

3. La *subvocalización*. Este hábito consiste en ir pronunciando mentalmente, mientras leemos, las mismas palabras del autor sin emitir ningún tipo de sonido, sin ni siquiera mover los labios, cuando lo que verdaderamente importa es el sentido y el mensaje de estas.

Para eliminar la subvocalización conviene esforzarse en repetir con palabras propias, en lenguaje coloquial, el contenido de un párrafo o frase. Es bueno hacerse diversas preguntas sobre el texto leído y adoptar una postura activa, crítica y valorativa del contenido.

Este hábito se corrige aprendiendo a tomar las palabras simplemente como lo que son: un vehículo del pensamiento y nada más. Así, aprenderemos a ser receptivos con las ideas del autor sin perder el tiempo utilizando sus palabras, pues hay que atreverse a usar las palabras propias para expresar las ideas ajenas.

4. Los *movimientos corporales*. Este hábito consiste en hacer movimientos que dificultan la velocidad y la comprensión mien-

tras leemos: las malas posturas y los movimientos de cabeza, cuello, brazos... Recorrer las líneas, palabra a palabra, señalándolas con el dedo o la punta del lápiz, es uno de los defectos más comunes del lector malo y lento.

Cuando leemos solo han de moverse los ojos, y el resto del cuerpo ha de estar perfectamente relajado. Los ojos bien entrenados abarcan el campo visual del texto por completo, sin necesidad de ir moviendo la cabeza y las manos, porque estos movimientos innecesarios facilitan la distracción e impiden la concentración.

¿Cómo mejorar la velocidad de la lectura?

El ejercicio constante mejora la velocidad de la lectura. Hay personas que alcanzan velocidades de quinientas a mil palabras por minuto; por ejemplo, J. F. Kennedy alcanzaba la velocidad portentosa de mil doscientas por minuto. A continuación, indicamos algunas de las técnicas más utilizadas:

1. *Ampliación del campo de percepción visual* y reducción del número de fijaciones por línea.
2. *Deslizamiento de la vista por la parte superior de las palabras*, ya que en nuestro alfabeto la identificación de las palabras es más fácil en su parte media superior que en la inferior. Podemos practicar tapando con una tarjeta la mitad inferior de las letras.
3. *Supresión de la percepción de espacios*. El lector no entrenado comienza a leer fijándose en la primera palabra de cada renglón y sigue haciendo fijaciones hasta la última palabra con que acaba el renglón. Al obrar así, realiza un trabajo inútil de visión, porque abarca con la vista los espacios en blanco de los

márgenes a ambos extremos del texto, y pierde velocidad. El lector entrenado empieza a leer fijando la vista un poco más a la derecha del comienzo de cada renglón, pasando al siguiente sin hacer fijaciones en la última palabra del anterior, por lo que aumenta su velocidad de lectura.

4. *Ajustamiento de la velocidad a la dificultad del texto.* Es muy útil variar los ritmos de lectura para coordinar la velocidad y la comprensión. Se puede hacer de la siguiente manera:

— Primero se lee un texto a la mayor velocidad posible, sin preocuparse de la comprensión.

— A continuación se lee otro texto a la mayor velocidad posible, pero tratando de captar el sentido.

— Por último, el tercer texto se lee a la velocidad habitual y tratando de comprender lo que se va leyendo.

Se puede controlar el tiempo invertido en la tercera lectura y registrarlo diariamente en una gráfica para comprobar la mejora progresiva.

Expresión, interpretación y registro de la velocidad de lectura

La expresión de la velocidad de lectura

Lo más usual y práctico es expresar la velocidad por el número de palabras leídas en un minuto, como expresa la siguiente fórmula:

$$\text{Velocidad} = \frac{\text{Número de palabras leídas}}{\text{Tiempo en minutos}}$$

Para averiguar el número de palabras leídas se puede hallar antes la media por línea, contando el total de palabras de los cinco primeros renglones.

Ejemplo:

$$\text{Palabras por línea} = \frac{60 \text{ (palabras)}}{5 \text{ (líneas)}} = 12$$

Ahora se multiplica 12 (media de palabras por línea) por el número total de líneas leídas, y hallaremos el total de palabras leídas en el texto. Sin embargo, el control de la velocidad real en una *lectura eficaz* debe comprender una variable importantísima, que es el *grado de comprensión* de lo que se ha leído.

La comprensión de un texto se halla sumando los porcentajes de respuestas correctas que se hayan dado sobre el contenido de lo leído, y el nivel de comprensión mínimo de una lectura debe ser al menos de un 60 por ciento. Si no se logra ese mínimo de comprensión, no hay eficacia en la lectura y ha de reducirse su velocidad.

La fórmula de la velocidad de lectura que se debe utilizar para comprobar la eficacia de una lectura es la siguiente:

$$\frac{\text{Número de palabras al minuto} \times \text{grado de comprensión}}{100}$$

Si en un texto, el número de palabras leídas por minuto es de 200 y el grado de comprensión equivale a un 60 por ciento, el resultado sería el siguiente:

$$\text{Velocidad real} = \frac{200 \times 60}{100} = \frac{12\,000}{100}$$

Interpretación de los resultados obtenidos

Lo importante es realizar estas pruebas de velocidad con bastante frecuencia, y comprobar periódicamente el progreso realizado. Con esta finalidad se pueden confeccionar fichas de control de velocidad lectora en las que se reflejen los siguientes elementos: texto, fecha y número de palabras leídas por minuto.

Texto	Fecha	Número de palabras por minuto
....	2-2-09	169
....	9-2-09	180

Preguntas para valorar la comprensión del texto

Se sacan del mismo texto según estos tres criterios:

— Que hagan referencia directa al texto y puedan responderse con palabras del mismo.
— Que hagan referencia más o menos directamente al texto y que se respondan sin utilizar las palabras del autor.
— Que se deduzcan a partir del texto y que sean comprendidas por el lector.

Ejercicios para desarrollar la velocidad de lectura

— Localizar lo más rápidamente posible una o varias palabras preseleccionadas en una determinada página.

— Localizar con la máxima velocidad la presencia de agrupaciones de palabras tales como «por tanto», «ya que» o «por el».

— Localizar la presencia de informaciones específicas sin leer todo el texto, sino recorriéndolo solo con la mirada.

— Tratar de captar las palabras de cada renglón de un solo vistazo mirando hacia el centro de la línea (véase punto central indicador).

SI
.
CON
.
MUCHA
.
ATENCIÓN
.
VAS PONIENDO
.
LA MIRADA FIJA EN
.
EL MISMÍSIMO CENTRO DE
.
CADA UNO DE ESTOS RENGLONES
.
HALLARÁS TU AMPLITUD VISUAL
.

— Leer horizontalmente los grupos de palabras con una sola fijación. Repetir el ejercicio aumentando poco a poco la velocidad. Para ello hemos elegido un texto de Ramón María del Valle-Inclán, del *Romance de lobos*:

El fragor del viento entre los pinos apaga todos los demás ruidos de la noche. Es una marejada sorda y fiera, un son ronco y oscuro de cuyo seno parecen salir los relámpagos. Don Juan Manuel, de tiempo en tiempo se detiene desorientado, e intenta aprovechar aquel resplandor, que inesperado y convulso se abre en la negrura de la noche, para descubrir el camino. De pronto ve surgir unas canteras, que semejan las ruinas de un castillo. El eco de los truenos rueda encantado entre ellas. Al acercarse oye ladrar un perro, y otro relámpago le descubre una hueste de mendigos que han buscado cobijo en tal paraje. Tienen la vaguedad de un sueño aquellas figuras entrevistas a la luz del relámpago.

RESUMEN

- El lector medio solo utiliza el 50 por ciento de sus posibilidades. La velocidad lectora puede desarrollarse sin que ello disminuya el nivel de comprensión. Así, algunas personas, mediante el entrenamiento, han conseguido un «haz de reconocimiento» o campo de visión muy amplio y una mayor rapidez de lectura.
- Conviene eliminar los malos hábitos de lectura, entre los que destacan las regresiones, la vocalización, la subvocalización y los movimientos corporales. Para establecer unos buenos hábitos y conseguir una adecuada velocidad lectora es esencial el ejercicio constante. Existe una serie de técnicas para ampliar el campo de percepción visual: deslizar la vista por la parte superior de las palabras, suprimir la percepción de espacios o ajustar la velocidad a la dificultad del texto.
- La velocidad lectora puede ser calculada mediante la razón entre el número de palabras leídas y el tiempo utilizado en minutos. El número de palabras leídas se calcula hallando la media de las palabras de los cinco primeros renglones y multiplicándolo por el número total de líneas leídas. No obstante, no debemos olvidar el grado de comprensión de lo que se ha leído, que se calcula sumando los porcentajes de respuestas correctas sobre el contenido. La velocidad real sería el resultado de multiplicar el número de palabras/minuto por el grado de comprensión, todo ello dividido entre cien.
- Para poder interpretar los resultados obtenidos es importante realizar las pruebas de velocidad con frecuencia, para poder comprobar el progreso realizado.
- Algunos de los ejercicios prácticos que podemos practicar son: localizar lo más rápidamente posible palabras o grupos de palabras predeterminados, la presencia de informaciones específicas sin leer todo el texto, intentar captar las palabras de cada renglón con un solo vistazo o leer horizontalmente grupos de palabras con una sola fijación.

| capítulo cinco | La lectura eficaz: armonización entre velocidad y comprensión lectora |

La lectura eficaz

A veces se oye decir: «Hay que leer despacio y bien», como si leer despacio fuera sinónimo de leer bien.

La realidad es muy distinta, porque si se adquiere el hábito de leer con rapidez, también aumentará el nivel de comprensión. Y esto sucede, entre otras razones, porque, a mayor velocidad lectora, la concentración se hace más intensa y, como consecuencia, aumenta también la comprensión.

La lectura verdaderamente eficaz es consecuencia del equilibrio entre la velocidad lectora de un texto y el nivel de comprensión de su contenido, y os daré las razones a continuación:

1. Lo que importa es captar las ideas expresadas por las palabras, su contenido. Con la lectura silenciosa, corriendo la vista a gran velocidad por las líneas, la palabra es un estorbo.

2. Como las palabras son signos que representan ideas, la lectura veloz permite captar, de forma global, el significado de las frases como un todo. Se trata de una situación muy distinta a cuando leemos palabra por palabra, pues una lectura demasiado lenta hace que la percepción parcial del contenido no nos propor-

cione una idea exacta del mismo, y disminuya nuestro nivel de comprensión.

3. Si, como nadie pone en duda, el significado de muchas palabras depende del contexto en que se encuentren, el lector rápido obtendrá siempre mayor nivel de comprensión que el lento.

4. La práctica de la lectura rápida incrementa la capacidad de comprensión y, en consecuencia, mejora considerablemente la de los contenidos.

5. Leer con rapidez permite agrupar las palabras en unidades lógicas que facilitan y aumentan la comprensión del texto.

Velocidad de lectura y buen nivel de comprensión

Por todo lo que he dicho con anterioridad decimos que la lectura eficaz precisa una perfecta armonización y conjunción entre *velocidad* y *comprensión*, y la clave está en leer con atención, con absoluta concentración, en disposición claramente receptiva frente a los contenidos que ofrece el texto.

Pero ¡cuidado!, no siempre es mejor lector y más eficaz el que lee más rápido, sino el que, sin reducir demasiado la velocidad, comprende más del 60 por ciento del contenido del texto, y al mismo tiempo sabe adaptar la velocidad al tipo de lectura y a los objetivos que se propone.

El mal lector lee siempre a la misma velocidad, mientras que el lector inteligente y entrenado, que domina todos los tipos de lectura, cambia el ritmo de lectura según sus intereses.

En cualquier caso, la lectura rápida es imprescindible para formarse una idea general sobre cualquier tema, buscar datos, ideas o aspectos de interés, y como paso previo para la lectura crítica, meditativa y de estudio.

El lector habitualmente lento es un mal lector

La razón de esta afirmación ya ha quedado clara anteriormente: el lector lento dificulta o impide la captación del mensaje, porque fragmenta en pequeños trozos inconexos el pensamiento del autor. A continuación explicaremos las características distintivas del mal lector:

1. *Vocabulario reducido.* Cuanto mayor sea el número de palabras cuyo significado se conozca, mayor será la capacidad para comprender y leer con rapidez. Es de todo punto imprescindible ampliar y enriquecer el vocabulario básico.
2. *Poco hábito de lectura y vocalización infantil.* La práctica hace al maestro; por tanto, se aprende leyendo. Si uno lo hace poco o casi nada, no llegará nunca a ser un lector rápido ni adquirirá un buen nivel de comprensión.
3. *Excesivas fijaciones* a causa de un «haz de reconocimiento» muy reducido. El número de fijaciones que cada persona necesita para leer una línea depende de su «haz de reconocimiento» (trozo de línea que puede captar de un solo golpe de vista). Cuanto más amplio sea el haz de reconocimiento del lector, menor es el número de fijaciones y mayor la velocidad lectora. Conviene ejercitarse, pues, en reducir el número de fijaciones.

Ahora pondré un ejemplo para que entendáis lo que acabo de decir:

Haces de reconocimiento:

De se o le er con ra pi dez
Deseo   leer   con   rapidez
Deseo   leer   con   rapidez

= 11 fijaciones (lectura muy lenta).
= 4 fijaciones (lectura lenta).
= 2 fijaciones (lectura normal).

La lectura comprensiva

Una idea en cada párrafo

El párrafo es la parte de un escrito comprendida entre dos puntos y aparte, y que, por regla general, versa sobre una idea principal; tiene perfecta unidad de pensamiento, y al final de su exposición, una vez desarrollada la idea central, se inicia un nuevo período; y puede estar formado por una o varias frases, una principal y otras frases secundarias, que aclaran, completan o amplían la idea principal.

Conviene recordar que la *idea principal* es el *conjunto de palabras que expresan lo fundamental del pensamiento del autor*, y que el buen lector ha de descubrirla en cada párrafo para destacarla entre las demás frases o ideas que lo componen.

Localización de la idea principal

Sabemos que la idea principal ha de estar contenida en una de las frases que componen el párrafo, la frase principal o clave; pero ¿cómo podemos encontrarla?

Puede estar situada al principio, en medio o al final del párrafo; pero sea cual sea el lugar que ocupe, con un poco de práctica, podemos convertirnos en expertos detectores de dichas ideas. He aquí algunas pautas para su localización:

— Si la idea principal se encuentra *al comienzo del párrafo*, las frases que la siguen suelen ser explicación de la misma. Por ello, una vez leída la frase inicial (que contiene la idea principal), se puede leer con mucha mayor rapidez todo lo que la sigue como explicación. Este párrafo es deductivo, partimos de algo general y acabamos en razones o detalles que complementan lo primero.

— Cuando la idea principal se encuentra *hacia la mitad del párrafo*, las ideas que la preceden sirven de preámbulo o preparación, mientras que las que la siguen sirven para matizarla o ampliarla.

— Si la idea principal se halla *al final del párrafo*, las frases con las que se inicia este aportan datos, contienen razonamientos y constituyen una introducción o preámbulo que finaliza con la idea principal como *conclusión*, con la que se completa toda la argumentación del párrafo. Cuando este concluye con la idea principal, es muy importante prestar atención y cuidado a las frases previas para captar bien las razones en que se apoya. Asimismo podemos decir que este párrafo es inductivo: partimos de lo accesorio o particular, para llegar a lo principal o general.

Conviene tener en cuenta que cada autor mantiene constante su tendencia a expresar la idea principal en una parte determinada de la estructura del párrafo. Por eso, descubriendo esta inclinación en las primeras lecturas, podemos aumentar de forma considerable tanto la velocidad como la comprensión lectoras en los párrafos que posteriormente vayamos leyendo.

—*¡Atención a los sinónimos y a la palabra que más se repite!*

La palabra clave de la idea principal es, por lo general, la que más se repite, aunque el autor la disfrace muchas veces bajo varios sinónimos que, en realidad, poseen el mismo significado fundamental.

La idea principal implícita o distribuida en varios párrafos

Lo normal es que la idea principal vaya al principio, en medio o al final del párrafo, como acabamos de ver; pero, en ocasiones, puede aparecer implícita a lo largo de todo el párrafo y no quedar expresada de manera clara en ninguna frase o palabra clave. Es entonces cuando, con tus propias palabras, has de dar forma a la idea principal de una manera precisa. Hay que explicitar lo que está implícito, extraer la idea principal de una exposición en la que el pensamiento del autor (a veces, intencionadamente como recurso literario) parece perderse entre metáforas, sinónimos y circunloquios (rodeos).

Habrá que hacer lo mismo cuando la idea principal no se encuentra en un solo párrafo, sino que el autor la ha desarrollado en dos o más, cada uno de los cuales es como la pieza de un puzle, que hay que saber encajar formando un todo lógico.

Puede darse también el caso contrario, a saber, párrafos que contienen más de una idea principal, y casos extremos, como los *párrafos de transición*, que no tienen ninguna idea importante y cuyo único fin es servir de enlace entre dos.

Retrato robot de la frase principal y de las frases secundarias

Frase principal

— Es la más genérica de todas las frases, la de una comprensión más amplia.

— Es imprescindible dentro del párrafo, de manera que, si se suprime, se podrá comprobar de inmediato como el sentido y el pensamiento del autor quedan incompletos.

— Expresa una afirmación más amplia y abstracta, en la que las demás frases quedan incluidas y resumidas.

Frases secundarias

— Si las suprimimos, apenas cambia el sentido general del párrafo, pues solo se pierden ciertos aspectos y matices que no afectan al contenido esencial.

— Suelen ser una simple repetición de la frase principal, con distintas palabras.

— Dan detalles, ilustran o aportan argumentos que prueban lo expresado en la idea principal.

RESUMEN

- La lectura verdaderamente eficaz es el resultado de una velocidad y comprensión adecuadas. Lo importante es captar las ideas, la globalidad del significado, de manera que el lector rápido adquiera siempre mayor nivel de comprensión, pues no centra su atención en las palabras, sino en el contenido.
- Debemos olvidar que no siempre es mejor lector el que lee más rápido, sino el que a una velocidad adecuada, comprende más del 60 por ciento del texto. Podemos afirmar que el lector habitualmente lento es un mal lector; el mal lector se distingue por su reducido vocabulario, por leer poco y vocalizar y realizar excesivas fijaciones.
- Para realizar una adecuada lectura comprensiva debemos tener en cuenta que cada párrafo gira en torno a una idea, por lo que debemos centrar nuestro interés en descubrirla para destacarla; puede ir al comienzo del párrafo, de modo que las frases que la siguen suelen servir de explicación (párrafo deductivo); también podemos encontrarla hacia la mitad del párrafo, de modo que las frases anteriores sirvan como preámbulo y las que la siguen para matizarla o ampliarla; las ideas pueden ir al final del párrafo, por lo que las frases iniciales sirven como introducción (párrafo inductivo). Normalmente los sinónimos nos ayudan a descubrir la idea principal al ser la palabra clave la que más se repite.
- También puede ocurrir que la idea principal esté distribuida en todo el párrafo o a lo largo de varios párrafos, de manera que el lector tenga que sacar con sus propias palabras la idea principal que el autor quiere transmitir. Existe la posibilidad de que en un mismo párrafo encontremos varias ideas y en otros no encontremos ninguna, pues sirve de enlace entre párrafos.
- La frase principal es la más genérica e imprescindible dentro del párrafo; además expresa una afirmación más amplia y abstracta que incluye a todas las demás. Las frases secundarias no son imprescindibles y suelen repetir, detallar o ilustrar los argumentos expresados en la frase principal.

| capítulo seis | Técnicas de análisis: el subrayado de textos |

El subrayado de textos es una técnica básica del trabajo intelectual, porque sirve para analizar y comprender los contenidos de un texto.

Subrayar es destacar, mediante un trazo, las partes esenciales de un escrito (frases y palabras clave). Al resaltarlas, centramos más la atención en ellas, con lo que ahorramos esfuerzo y hacemos más provechoso el trabajo intelectual.

La técnica del subrayado no sustituye a las anotaciones, sino que las complementa. Solo se han de subrayar los libros propios, y no de una manera arbitraria, sino con arreglo a un método.

¿Qué se debe subrayar?

Solo se debe subrayar lo que es fundamental y que ordinariamente se halla contenido en una *idea principal*, que puede estar al principio, al final o en medio de un párrafo. Más que la palabra, hay que buscar ideas.

También es bueno subrayar las *palabras técnicas* o específicas del tema objeto de estudio, así como cualquier *dato relevante* que contribuya a una mejor comprensión. Para comprobar si lo hemos hecho correctamente basta hacerse varias preguntas sobre el contenido, y si las respuestas están contenidas en las palabras subrayadas, es señal de que el subrayado está bien hecho.

Esta técnica es una especie de *señalización* dentro de cada párrafo que permite seguir el curso de la idea principal.

¿Cuánto hay que subrayar?

No hay fórmula fija. Si solo interesa ir a lo fundamental, conque se subraye en cada párrafo *las palabras que contienen la idea básica* es suficiente. Pero, a veces, convendrá destacar las ideas secundarias que sirven para reforzar, ampliar y enriquecer la principal.

No conviene olvidar que al pretender destacarlo todo, en realidad no se destaca nada, ya que el exceso de subrayado impide la comprensión.

¿Cómo se debe subrayar?

1. Subrayar solo los libros propios, nunca los de las bibliotecas; mejor hacerlo con lápiz que con bolígrafo, pues la tinta de este deteriora el papel.

2. Es muy práctico utilizar lapiceros de colores, porque uno de ellos (el rojo, por ejemplo) puede servir para destacar las ideas principales, mientras que el otro (el azul) será útil para resaltar las secundarias.

3. Cuando se hace con un lápiz, podemos diferenciar el subrayado con distintos tipos de líneas. La importancia y la jerarquización de las ideas las podemos señalar de la siguiente manera:

Idea general	Ideas principales Ideas secundarias
	Detalles

En cualquier caso, el subrayado ha de hacerse de manera que favorezca los repasos posteriores y la confección de esquemas y resúmenes. Por eso, la lectura de un subrayado, si está bien hecho, tiene sentido completo sin necesidad de recurrir a las palabras no subrayadas.

4. *Otras señales y marcas* que ayudan a destacar lo fundamental:

— *Recuadro*: para destacar etapas, clasificaciones, fechas...

+ 800		época rosa

— *Círculo*: para los comienzos importantes, vocablos significativos y epígrafes en una lección o tema:

— *Flechas*: sirven para enlazar y conectar datos, ideas y párrafos que tienen algún tipo de relación:

— *Subrayado en vertical*: se colocan unas rayas verticales al margen para destacar párrafos y trozos de párrafo en un texto cuyo contenido es básico para la comprensión general del tema o que merecen especial atención para el lector.

— *Destacado especial*: se puede emplear una línea ondulada bajo el dato o dos líneas paralelas y dentro el mismo. Sirve para destacar elementos que se han de fijar y memorizar necesariamente (obras artísticas, títulos, lugares geográficos...).

<u>Las lanzas de Velázquez</u>   En el <u>Puerto de Los Leones</u>

— *Acotado*: son corchetes de aquellos párrafos dudosos que precisan aclaración, ampliación en los contenidos, etc.

[ ]

— *Llamadas*: las principales son el asterisco y las admiraciones, y suelen emplearse como llamada de atención sobre algo que ha despertado vivamente la curiosidad del lector.

*   ¡¡   !!

A estas modalidades de subrayado de tipo convencional debe añadirse el subrayado de tipo estructural, que es una breve anotación condensada al pie de página o en los márgenes.

¿Cuándo se debe subrayar?

— No se debe subrayar en la *primera lectura*, de visión general, ya que podrían destacarse frases o palabras que no expresan el contenido esencial, produciéndose confusión desde el principio.

— Las personas muy entrenadas en la lectura comprensiva pueden realizar el subrayado ya durante la *segunda lectura*, destacando las ideas principales y secundarias, los términos técnicos, las clasificaciones, etc., y realizando incluso anotaciones marginales.

— La persona menos entrenada puede necesitar una *tercera lectura*. En todo caso, hay que esforzarse por descubrir dónde se encuentra la idea principal y, solo cuando se esté bien seguro, proceder a subrayarla debidamente.

Para subrayar de forma correcta es fundamental conocer el significado de todas las palabras en sí mismas y en el contexto en que se encuentran expresadas.

¿Por qué es conveniente subrayar?

— Es una técnica de análisis que permite llegar con rapidez a la comprensión de la estructura y la organización de un texto.

— Ayuda a fijar la atención, evitando las distracciones y la pérdida de tiempo.

— Favorece el estudio activo y el interés por captar lo esencial de cada párrafo.

— Al destacar lo importante sobre lo accesorio se incrementa el sentido crítico de la lectura.

— Constituye una ayuda extraordinaria para repasar mucha materia en poco tiempo.

— Es condición indispensable para confeccionar bien esquemas y resúmenes.

— Favorece la asimilación y desarrolla la capacidad de análisis y síntesis.

Tipos de subrayado

Subrayado lineal

Se hace con varias modalidades de líneas, utilizando uno o varios colores. Cada cual puede dar a los modelos que ofrecemos el valor que crea oportuno, pero convencionalmente se le da el siguiente:

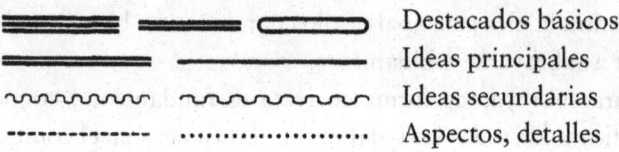

		Destacados básicos
		Ideas principales
		Ideas secundarias
		Aspectos, detalles

Subrayado estructural

Es una señal referida a la estructura del texto y a la organización de las ideas, y se hace al margen izquierdo del texto. Puede ser de dos tipos: anotaciones y/o numeraciones.

Enumeraciones que anuncian títulos o ideas clave

1	I	1.	A	a
2	II	1.1	B	b
3	III	1.2	C	c
4	IV	1.3	D	d

Señalización de ideas secundarias relevantes

· — + *
· — + *
· — + *
· — + *

Subrayado de realce

Es una letra, palabra o signo colocado al margen derecho del texto para dejar constancia de lo que el lector piensa o siente, duda o no termina de comprender. A continuación doy las señales concretas para cada uno de los signos y lo que suelen significar:

- (¡ !)   Sorpresa, extrañeza.
- (¿ ?)   No lo entiendo.
- (* *)   Esto es muy importante.
- (+ +)   Sobreabunda, reincide demasiado en lo expuesto.
- (– –)   Faltan datos; el autor ofrece poca información.
- *(//)*   Contenido fundamental que necesito para un trabajo.
- ([( )])   Acotación de una frase lapidaria excepcional.

RESUMEN

- Subrayar es destacar, mediante un trazo, las partes esenciales de un escrito. Mediante esta técnica, y siempre con arreglo a un método, ahorramos esfuerzo y obtenemos el máximo provecho.
- Debemos subrayar solo lo fundamental de un escrito, es decir, la idea principal del párrafo, las palabras técnicas y cualquier dato relevante que facilite su comprensión. No hay límites para el subrayado; podemos subrayar la idea principal junto a otras ideas secundarias, pero siempre sin olvidar que el exceso impide que lo más importante se destaque.
- Solo podemos subrayar nuestros propios libros con lápiz o con lapiceros de colores, ya que la tinta de bolígrafo estropea el papel. Para destacar unas cosas más que otras podemos utilizar una doble línea, una sola línea o una línea discontinua. Otras marcas útiles pueden ser los recuadros y los círculos, las flechas que nos indiquen relaciones, el subrayado vertical que destaque un párrafo o una parte, líneas onduladas o paralelas, acotados y llamadas que indiquen una atención especial.
- No debemos subrayar durante la primera lectura, pues puede tratarse de palabras o frases que no son esenciales. Lo adecuado es subrayar durante una segunda o tercera lectura, según el entrenamiento de cada uno.
- El subrayado nos permite comprender un texto, nos ayuda a fijar la atención favoreciendo el estudio activo y el interés. Además, ayuda a incrementar el sentido crítico de la lectura, así como la capacidad de análisis y síntesis. De una manera más práctica, nos ayuda a repasar la materia en poco tiempo y es condición indispensable para confeccionar bien esquemas y resúmenes.
- El subrayado puede ser lineal, estructural o de realce: el lineal utiliza varias modalidades de líneas y colores, el estructural nos ayuda en la organización de las ideas mediante enumeraciones y señalizaciones gráficas y el de realce nos permite reflejar nuestra opinión mediante letras o símbolos.

capítulo siete
Esquema y resumen

El esquema

Podemos definir *esquema* como la síntesis de las ideas fundamentales de un tema, ordenadas de forma lógica en una estructura global. Asimismo, podemos decir que es la expresión gráfica del subrayado tanto lineal como estructural, y contiene las ideas principales relacionadas con otras secundarias, diferenciando entre los elementos relevantes y los menos importantes, y apuntando incluso matices que no afectan a la esencia del contenido central.

El esquema, resultado del subrayado

Los elementos o contenidos que fueron destacados y diferenciados por medio de la técnica del subrayado se recogen en el esquema en una síntesis. La gran ventaja de este sobre otras técnicas de síntesis es que ofrece una clara estructura visual de toda la materia de estudio, permite captar de un vistazo lo esencial y diferenciar la importancia de cada elemento dentro del todo.

El esquema debe ser algo personal, y no conviene utilizar los de otros, ya que es el resultado de una lectura individualizada en la que cada uno refleja sus opiniones y visiones. No obstante, una vez elaborado, sí conviene compararlo con el de otros para poder sugerirles nuevas aportaciones a ellos, o complementar el tuyo con alguna suya.

El esquema y el proceso analítico-sintético

El esquema nos facilita los ejercicios mentales de análisis y de síntesis, imprescindibles para el aprendizaje, y esto es así por dos razones:

— *Por la síntesis* obtenemos una clara idea general del tema al seleccionar los contenidos básicos.
— *Por el análisis* nos ocupamos de los aspectos concretos y de los detalles según su importancia.

Ventajas de un esquema

— *Contribuye a un estudio más activo*, ya que obliga a tomar notas, sintetizar, expresar lo fundamental por escrito, incrementar la atención y el interés…
— *Desarrolla la capacidad de comprensión*, porque al profundizar en el texto para descubrir los elementos esenciales, exige una lectura más analítica y pausada.
— *Permite captar de manera intuitiva la estructura de un tema* en sus ideas y datos más relevantes (labor de síntesis).
— *Desarrolla la memoria lógica*, ya que ejercita la capacidad de relacionar y matizar los contenidos según un orden de prioridades, y esto facilita la expresión de lo aprendido.

— *Facilita la fijación, la retención y la evocación de los contenidos*, obligando a una mayor precisión y concisión en el uso del vocabulario. Ahorra mucho tiempo para memorizar y repasar y favorece la claridad de la mente habituándola a «ir al grano» sin rodeos.

— Pone a prueba la capacidad que tenemos de análisis, síntesis, claridad mental, razonamiento lógico, expresión, concisión, precisión..., tan importantes para la formación mental de un individuo.

La realización de esquemas

El fin principal de un buen esquema es proporcionar una clara visión de conjunto lo más detallada y precisa posible, dentro de la brevedad, para lo cual es de suma importancia cuidar la buena presentación del tema. A continuación doy unas pautas para la realización de un esquema:

— Para realizar el esquema es condición indispensable haber estudiado el tema y realizado un buen subrayado.

Hay que empezar por repasar los epígrafes, los títulos y subtítulos. Después, recurrir al subrayado para jerarquizar bien los conceptos (ideas principales, secundarias, detalles...). La síntesis obliga a emplear las propias palabras.

— Cada idea debe ir expresada en un apartado distinto y ha de ser formulada con extrema claridad, pues el orden lógico exige que las ideas del mismo rango o categoría vayan en el mismo margen o tras el mismo signo.

— *¿Qué se escribe en el esquema?* Hay que poner en él palabras clave o frases muy cortas sin ningún tipo de detalles, de forma breve y concisa.

— *¿Cómo se escribe el esquema?* Diferenciando las ideas según el tamaño de las letras, y relacionando estas por medio de letras, números, llaves, barras, ángulos o flechas...

— La estructura del esquema se hace de forma escalonada:

- Distintos apartados con las ideas principales en que se descompone la idea general.
- Ideas secundarias que acompañan a cada idea principal, escalonadas por orden de importancia.
- Detalles, matices y aspectos que enriquecen lo expresado en las ideas principales o secundarias.

Modelos más usuales de esquemas

Hay mucha variedad de modelos que pueden adoptarse. En cualquier caso, depende de la creatividad del individuo. Señalaremos algunos de los más empleados con las pautas de cada uno.

Sistema de llaves o diagrama

Tiene la ventaja de clasificar muy bien las ideas expuestas en forma de cuadro sinóptico. Normalmente consta de los siguientes elementos:

- Encabezamiento o *título del tema*, que recoge la *idea general*.
- Apartado correspondiente a las *ideas principales*.
- *Ideas secundarias* que acompañan a la idea principal.
- *Detalles* de las ideas secundarias.

Ejemplo:

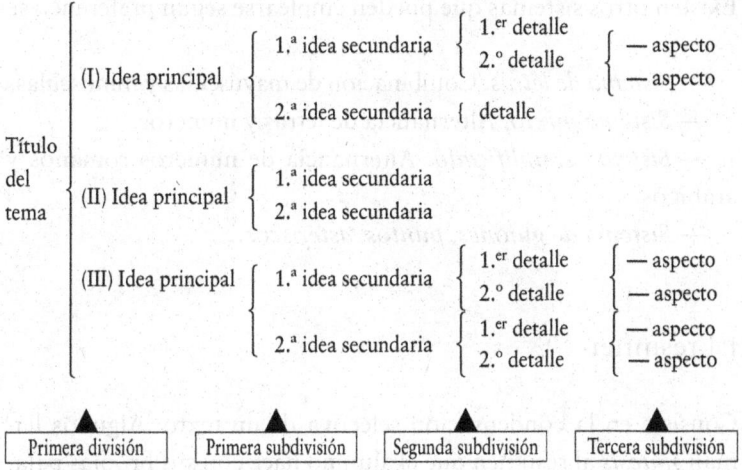

Modelo de esquema decimal

Título del tema

1. Primera idea principal.
    1.1. Primera idea secundaria.
    1.2. Segunda idea secundaria.
        1.2.1. Primer detalle.
        1.2.2. Segundo detalle.
    1.3. Tercera idea secundaria.
2. Segunda idea principal.
    2.1. Primera idea secundaria.
        2.1.1. Primer detalle...
3. Tercera idea principal...

Otros modelos de esquemas

Existen otros sistemas que pueden emplearse según preferencias:

— *Sistema de letras*. Combinación de mayúsculas y minúsculas.
— *Sistema mixto*. Alternancia de letras y números.
— *Sistema simplificado*. Alternancia de números romanos y arábigos.
— *Sistema de guiones, puntos, asteriscos...*

El resumen

Consiste en la condensación selectiva de un texto. Algunos llaman *síntesis* al resumen que el alumno hace con sus propias palabras, y *resumen*, en sentido estricto, a la condensación realizada con las mismas palabras del autor.

En ambos casos, la extensión no debe exceder del 25 por ciento del texto original.

Si al resumen se incorporan *comentarios personales* o explicaciones que no corresponden al texto, tenemos el *resumen comentado*.

Para hacer un buen resumen has de tener presente los siguientes puntos:

— Debes ser objetivo y no incluir valoraciones que distorsionen lo expresado por el texto.
— Es fundamental, antes de iniciarlo, tener muy claro cuál es la idea general básica del texto y cuáles las secundarias o no principales.
— Has de tener siempre a la vista el esquema en la síntesis y en el resumen comentado, en los que se da una mayor actividad

mental, que aumenta la eficacia en el estudio al expresar los contenidos con tus propias palabras.

— Es necesario encontrar el hilo conductor que une perfectamente las frases esenciales, prescindiendo de la información redundante e innecesaria.

— Una vez jerarquizadas las ideas según su importancia, hay que organizarlas de forma que presenten una unidad y un significado completo.

— Personaliza tu resumen hasta el punto de que todas las frases y las expresiones que utilices en él sean de tu propio lenguaje coloquial.

— Enriquece, amplía y complétalos con anotaciones de clase, comentarios del profesor, lecturas relacionadas con el tema de que se trate y, sobre todo, con tus propias observaciones.

— Debes ser breve y conciso, pero sin dejarte los aspectos importantes. Para lograrlo, trata de sustituir frases enteras por sustantivos, verbos o adjetivos que condensen el sentido de toda una frase.

— Cuando resumas no has de seguir necesariamente el orden de exposición que aparece en el texto. Puedes adoptar otros criterios, pasando de lo general a lo particular, de lo fundamental a lo explicativo, de lo principal a lo accesorio.

— Si necesitas resumir un texto del que no has hecho ni el subrayado ni el esquema, alterna lecturas rápidas con lecturas lentas y pasa directamente a confeccionar el resumen.

El resumen, a diferencia de lo que ocurre con otras técnicas de síntesis, como el subrayado o el esquema, presenta una estructura poco intuitiva y poco visual, por lo que la didáctica moderna prefiere el esquema, pues implica una mayor creatividad y actividad intelectual en el alumno, además de ser un instrumento más apto para la retención y la asimilación de contenidos.

RESUMEN

- El esquema se forma a partir de las ideas fundamentales de un tema ordenadas de una manera lógica; es consecuencia del subrayado y nos facilita las operaciones mentales de síntesis y análisis.
- Un buen esquema contribuye a un estudio más activo y al desarrollo de nuestra capacidad de comprensión. Además, permite captar de manera intuitiva la estructura de un tema, desarrolla la memoria lógica y facilita la fijación, la retención y la evocación de los contenidos.
- Para realizar un buen esquema es indispensable tener estudiado y subrayado el tema. Cada idea irá expresada en un apartado distinto, manteniendo siempre el orden lógico, la claridad y la brevedad. La estructura del esquema se hace de forma escalonada, de manera que la idea general se divide en ideas principales, estas en ideas secundarias y, por último, habría que añadir los detalles y matices.
- El esquema es el resultado de un trabajo individualizado, personal. Es recomendable que utilicemos nuestros propios esquemas y consultemos otros para descubrir posibles fallos.
- Los esquemas más usuales son los que emplean un sistema de llaves o diagrama y el esquema decimal. También pueden emplearse sistemas de letras, mixtos, simplificados…
- El resumen es la condensación selectiva de un texto. Para su realización debes ser objetivo y tener muy claras desde el principio la idea general y las principales del texto. Para hacer una síntesis o un resumen comentado, en los que se incluyen comentarios personales, resulta más eficaz tener el esquema a la vista. Debemos prescindir de las ideas redundantes e innecesarias para poder construir un cuerpo de doctrina con sentido pleno y bien estructurado.
- El resumen debe estar escrito de forma coloquial y enriquecido con anotaciones. Podemos adoptar un criterio distinto de exposición al propuesto en el texto. Para realizar un resumen sin subrayado ni esquemas previos, alterna lecturas rápidas y lentas, y pasa a confeccionarlo. Didácticamente, el esquema implica mayor creatividad y actividad intelectual por parte del alumno.

| capítulo ocho | La sesión de estudio |

El tiempo de estudio se ha de distribuir con arreglo a las siguientes variables: el grado de dificultad que entraña la materia que se vaya a estudiar, el nivel de interés y esfuerzo que requiera, y el nivel de exigencia del profesor.

Autoexamen previo a la sesión de estudio

Es necesario hacernos un autoexamen previo a la sesión de estudio, no solo para ver el nivel de conocimientos que tenemos, sino también las disposiciones psicofísicas en que nos encontramos para comenzar la tarea intelectual; es decir, comprobar si se está cansado, si no se tienen complicaciones de salud, si se tienen solucionados los problemas personales, familiares, profesionales, que puedan inquietar o distraer... Cuando uno no está en condiciones de estudiar, no es conveniente hacerlo, pues lo más fácil es que aparezca el cansancio o la fatiga mental, que deteriora la salud, y hace inútil y dificultoso el esfuerzo intelectual.

A continuación se debe comprobar que se tiene a mano todo el *material de trabajo*: apuntes, fichas, libros de consulta, bolígrafos, papel...

Por último, es necesario avivar un gran interés por asimilar bien los contenidos y mostrarse *seguro y confiado*, anticipando mentalmente los resultados que se pueden obtener de un estudio planificado de manera inteligente e ilusionada.

La sesión de estudio

Hay que acostumbrarse a seguir siempre un orden. Sugerimos el siguiente:

1. *Comenzar a estudiar con decisión* (tan pronto como uno se siente en la silla). En cuanto uno se sienta a estudiar, debe desencadenarse en el cerebro el reflejo de que comienza ya la sesión de estudio, sin más preámbulos. Así, la actividad intelectual se pondrá en marcha de forma automática, sin esfuerzo.
2. *Empezar a estudiar un tema por su aspecto más fácil* y agradable o que ofrezca más interés. A medida que se va profundizando en los contenidos, será más fácil acceder a lo que entraña una mayor dificultad.
3. *Abordar los puntos más difíciles* cuando el nivel de atención y concentración sea máximo.
4. *Dejar los trabajos sencillos* que no necesitan mucha atención para cuando se esté más cansado: dibujar, pasar apuntes a limpio, hacer trabajos manuales...
5. *Descansar de vez en cuando*. El estudiante normal necesita descansar cada cincuenta o sesenta minutos.

Tras la primera hora de estudio, cinco minutos son suficientes para hacer unas cuantas respiraciones profundas frente a la ventana, desentumecer los músculos, estirar las extremidades, hacer algunas flexiones, beber un vaso de agua...

A partir de la segunda hora de estudio, el tiempo de descanso deberá ampliarse a quince, veinte o treinta minutos.

No conviene dejar la sesión de estudio cuando haya una cuestión muy difícil que no se ha logrado resolver, sino en algún aspecto de interés y agrado que haga fácil la reanudación del estudio.

Objetivos del estudio: comprender, asimilar y retener

Solo se aprende, asimila y recuerda aquello que hemos aprendido de verdad. De ahí que solo pueda ser eficaz el estudio si *entendemos* y comprendemos los contenidos, los *asimilamos*, es decir, los hacemos nuestros, los ponemos en práctica, los relacionamos con los que ya poseemos y los utilizamos y, finalmente, los *retenemos* o almacenamos adecuadamente en nuestro cerebro. Para que puedan ser bien aprendidos, debemos engarzarlos y unirlos con los que sean del mismo tipo, con los que tengan relación directa o indirecta con él. Así será fácil recordarlos cuando tengamos que utilizarlos.

Hay que advertir de *dos obstáculos* graves que impiden el aprovechamiento en el estudio de cualquier materia:

1. *No poseer el nivel mínimo de conocimientos* requeridos para que los nuevos contenidos puedan ser comprendidos, asimilados y retenidos. Por tanto, es imprescindible llenar esas lagunas. Hay determinadas materias como son las matemáticas, la física, la química, la lengua o los idiomas en las que unos conocimientos se asientan sobre otros, y poco se puede hacer sin lograr antes esos niveles mínimos imprescindibles o base principal.

2. *Tener un léxico muy reducido* y seguir «estudiando» desconociendo el verdadero significado de algunas palabras, porque

dificulta una perfecta comprensión, asimilación y retención de lo que se va estudiando.

Proceso para asimilar y retener los contenidos

Los cuatro pasos fundamentales para un estudio provechoso deben convertirse en algo habitual en el trabajo intelectual de cada día:

Primero. Saca la idea general o «visión de conjunto» del tema mediante una lectura rápida, estableciendo conexiones con los temas anteriores. Esta visión global será más nítida si te haces diversas preguntas sobre cuáles son las ideas básicas, qué pretende el autor, qué te sugieren los subtítulos, qué conocimientos previos tienes sobre el tema, etc.

Segundo. Divide el tema en unidades menores (apartados, preguntas, párrafos...), desciende a la idea central de cada párrafo, y plantéate igualmente preguntas sobre ella y relaciona los párrafos entre sí. Este es el momento de subrayar, hacer resúmenes y esquemas.

Tercero. Mentalmente, de palabra y por escrito, expresa las ideas principales de cada párrafo, buscando la relación entre ellas, y hazlo sin ayuda del libro ni de los apuntes; sintetiza las ideas y ordénalas por orden de importancia.

Este tercer punto sirve como autoevaluación para comprobar el grado de comprensión, asimilación y retención de lo que se ha estudiado.

Cuarto. Repasa lo estudiado, insistiendo en los puntos más débiles y confusos que se hayan podido detectar.

RESUMEN

- Debemos distribuir nuestro tiempo de estudio atendiendo al grado de dificultad de la materia, al interés y esfuerzo que requiere y al nivel exigido por el profesor.
- Es necesario realizar un autoexamen previo antes de la sesión de estudio en el que evaluemos nuestras disposiciones psicofísicas (cansancio, fatiga...), comprobemos que tenemos a mano todo el material de trabajo, y que intentemos avivar nuestro interés por asimilar los contenidos.
- Durante la sesión de estudio debemos comenzar a estudiar con decisión y sin preámbulos. Empezaremos por la parte más fácil y agradable de los temas, de manera que los puntos más difíciles sean tratados en un nivel de máxima atención y concentración, y dejaremos lo más sencillo y que no requiera mucha atención para cuando uno esté más cansado. El estudiante normal debe realizar un descanso cada cincuenta o sesenta minutos. Es conveniente dejar la sesión en una cuestión agradable que haga más fácil la reanudación del estudio.
- Los objetivos del estudio son comprender, asimilar y retener. Para un buen aprendizaje debemos ir relacionando los conocimientos unos con otros. Nos podemos encontrar con dos obstáculos graves: no poseer el nivel mínimo de conocimientos requeridos para comprender, asimilar y retener el nuevo contenido, o tener un léxico muy reducido que nos impida conocer el verdadero significado de lo que estudiamos.
- Para asimilar y retener los contenidos debemos seguir cuatro pasos: obtener una visión de conjunto mediante una lectura rápida; dividir el tema en unidades menores, subrayando y haciendo resúmenes y esquemas; mentalmente, debemos ser capaces de expresar las ideas principales del texto, sin necesidad de recurrir al libro y, por último, repasar lo estudiado.

capítulo nueve — Cómo tomar apuntes

Tomar apuntes es un arte que se va adquiriendo con la práctica. Requiere el esfuerzo de una mente atenta y también un trabajo adicional después de clase para completar, redactar y a veces para volver a escribirlos. Incluso en ocasiones, esta tarea comienza antes de las clases, cuando uno piensa sobre lo que se dijo en la última clase, cuando repasa el tema día a día, debido a la gran ventaja académica que ello proporciona.

Has de tener presente que mucho de lo que un profesor explica es para defender sus ideas, sus gustos, su estilo personal. Será por tanto, a partir de ahí, cuando venga tu tarea crítica de distinguir lo importante de lo superficial o accesorio. No caigas en el defecto imperdonable de muchos estudiantes que se convierten en máquinas de escribir y copian al pie de la letra todo lo que dice el profesor. Debes hacer trabajar tu cerebro para que seleccione rápidamente lo fundamental del discurso del profesor.

Debes conocer y tener presente los aspectos que interfieren negativamente en el arte de escuchar. Gauquelin nos apunta los siguientes obstáculos:

— La pasividad o la falta de voluntad para captar lo que se escucha.

— Las distracciones por la fatiga, el frío o el calor, u otros factores.

— El espíritu viajero, es decir, vagar mentalmente con la imaginación.

— La visión emocional, o sea, las propias simpatías o antipatías.

— La falta de motivación necesaria para superar el aburrimiento que a veces puede producir escuchar.

— El instinto de réplica, de quien está dispuesto de antemano a oponerse a todo lo que escuche.

— Los prejuicios u opiniones demasiado parciales.

— El egocentrismo, que impide ponerse en el punto de vista del otro.

— El sentido crítico patológico, que solo busca aspectos negativos.

Modos de exponer un tema

Al tomar apuntes hay que ir haciendo el esquema de la lección que se explica, es decir, como si estuviéramos anotando los epígrafes de un libro. La simple repetición de una cosa por parte del profesor, el empleo de expresiones como «recordad aquello...», «atención a esto...» o sencillamente el cambio de tono de voz o de velocidad de pronunciación, son indicios claros de que se trata de ideas clave para él. Es decir, mirar al profesor y descubrir en la expresión de su rostro y en el acento de sus palabras en qué aspectos hace mayor hincapié es importante, así como observar cuándo se detiene de una manera más reiterada o simplemente toca de pasada, sin dar demasiada importancia a un aspecto.

Además de lo dicho anteriormente, tenéis que poner especial atención a los nexos y los vínculos de esas ideas, es decir, cómo pasa de una idea a otra. Os aconsejo que reduzcáis los párrafos empleados por el profesor en su exposición a frases cortas que incluyan solo las ideas principales y los detalles importantes. Muchos tomáis demasiados apuntes, inútiles en la mayoría de las ocasiones.

Podemos distinguir tres tipos diferentes de exposición de un tema:

— *Explicación nueva.* Aquí se precisa más atención y esfuerzo por vuestra parte. No abarquéis mucho; id solo a lo más esencial.

— *Explicaciones complementarias de otras anteriores.* En este caso debéis poner especial atención a lo que aún no domináis o a aquello que os costó entender en otras sesiones.

— *Explicaciones que son como resúmenes, refuerzos o rectificaciones,* en cuyo supuesto debéis relacionarlas con los conocimientos anteriores sobre el tema.

Cómo captar mejor una explicación

Una vez que, mediante las técnicas de estudio anteriormente estudiadas, nos hemos ejercitado en definir, clasificar, razonar y seguir un método de estudio, analizando, sintetizando y deduciendo los diversos conocimientos, veamos ahora la manera de aplicar todo eso para lograr un mejor aprendizaje.

Para *saber captar una explicación* conviene tener en cuenta los siguientes pasos:

1. *Leer previamente algo sobre el tema de la conferencia o la clase* documentándonos a nivel general, y haciéndonos preguntas sobre el tema, o consultando después al profesor.

2. *Distinguir las ideas principales expuestas por el conferenciante* contestándonos preguntas como:

— ¿A qué se refiere el tema?
— ¿Cuál es la idea principal?

— ¿En qué otras ideas se apoya?
— ¿Qué ideas se derivan de la principal?

3. *Centrar el interés* en los detalles importantes, las conclusiones y los resúmenes que haga el profesor durante una clase o el ponente en una conferencia.

4. *Permanecer atento a la exposición*:

— Preparando una lista de preguntas para aclarar en el coloquio.
— Elaborando lo expuesto por el profesor o conferenciante.
— Impidiendo ser distraído por la mala situación en la sala o por los posibles rumores.

5. *Escribir los puntos esenciales*. Tomar notas nos ayuda a saber escuchar, porque damos organización lógica a lo que oímos. Además, es un camino para lograr sintetizar; equivale a hallar la estructura base de lo que se oye, descubriendo el esquema de ideas sobre las cuales el profesor ha estructurado su conferencia, exposición, clase o charla.

Claves para tomar bien los apuntes

El secreto para tomar bien unos apuntes personalizados y prácticos se encierra en tres palabras: *escuchar, pensar* y *escribir*.

Saber escuchar

Implica una actitud ante los contenidos ofrecidos en la exposición. Conviene estar muy atento a expresiones significativas, «palabras signo» o «toques de atención» que ordinariamente emplea el que habla, como, por ejemplo, «es importante», «en una palabra», «concluyendo»…, expresiones que indican la intención de sintetizar, explicar y aclarar ideas básicas por parte del profesor o expositor.

También debe ponerse especial atención tanto al comienzo como al final de la explicación, ya que la síntesis de la exposición con que suele iniciarse cualquier tema facilita la comprensión y ofrece una valiosísima idea general. Y, por otra parte, la síntesis con que se concluye no es menos interesante, ya que suele ser más detallada y completa, y donde se concentra lo más rico e interesante de cuanto se ha dicho.

Saber pensar

Es decir, escuchar reflexionando y siguiendo mentalmente el orden expositivo del tema: título, qué se pretende probar, aspectos bajo los cuales se aborda el tema, pasos que se aproximan al objetivo propuesto, conclusión final y consecuencias que se derivan…

En esta escucha reflexiva es decisivo no perder el hilo expositivo, por lo que se debe atender bien a los mecanismos y nexos que hay entre una cuestión y la que sigue dentro de un mismo tema.

Saber escribir

No hay que escribir lo que dice el profesor copiando textualmente sus palabras, sino lo que cada uno es capaz de sintetizar con sus propias palabras.

En la tarea de tomar apuntes es muy importante la rapidez y la concisión. Por este motivo hay que utilizar una serie de abreviaturas o signos personales, una especie de código que pueda ser interpretado con facilidad y permita limitar la escritura de los apuntes a lo estrictamente imprescindible para una buena comprensión posterior.

He aquí algunas de esas abreviaturas prácticas:

(E. d.) = Es decir.
(P. e.) = Por ejemplo.
(N. b.) = *Nota bene*; es importante, nota aclaratoria.
(+) = Más, positivo, aprovechable.
(−) = Menos, negativo, no sirve.
(=) = Igual, es lo mismo.
(≠) = No es igual, es diferente.
(>) = Mayor que.
(<) = Menor que.
(Cfr.) = Compara, recuerda en este sentido.
(X) = Por.
(→) = Se obtiene o procede de...

Elabora tu propio sistema de signos. Es bueno dejar espacios en blanco entre una idea y otra para anotar olvidos y omisiones.

Ventajas de los apuntes

— Las notas organizadas sirven para identificar el núcleo de ideas importantes.

— Muchos profesores enseñan entre líneas conocimientos de suma importancia que no encontramos en los libros de texto. «El mejor libro de texto es un profesor experimentado.»

— A través de la exposición en clase y de las notas que en ella se toman, podemos saber a qué temas concede el profesor mayor importancia, la materia que entrará en un examen, los ejercicios o temas que hay que estudiar, etc.

Consideramos indispensables estos puntos *para aprender a tomar notas*:

— Leer previamente el tema sobre el que con posterioridad se han de tomar notas, organizando la audición y los apuntes sobre lo que más interese.

— *No escribir todo lo que se diga*, solo lo esencial y con abreviaturas.

— Al escuchar, siempre surgen preguntas que hacernos o que hacer a otro, por lo que conviene centrar las notas sobre esos interrogantes.

— Tomar las notas de forma esquemática, en llaves o en sinopsis en los que se refleje la idea esencial y las derivaciones de la misma. Serán un instrumento útil de cara a un examen.

— Después de haber tomado unas notas, conviene repasarlas cuanto antes para completarlas o corregirlas mientras aún se recuerda perfectamente la explicación.

Lo más importante es saber organizar, esquematizar y clasificar de manera lógica lo que se haya captado, porque en estos factores se apoya el pensamiento analítico.

La confección material de los apuntes.
¿Qué se debe anotar?

Unos buenos apuntes deben cumplir tres requisitos importantes: buena presentación, organización y expresión.

Presentación

— Es aconsejable utilizar bloc de anillas que permita la integración de nuevos folios.

La proporción ha de ser de tres quintas partes escritas y dos quintas partes del folio en blanco. Conviene dejar *margen suficiente* en la parte izquierda y en el margen inferior para notas adicionales, aproximadamente unos cinco centímetros.

— *Claridad.* Hay que utilizar siempre el mismo tipo de signos, y además una escritura clara y legible, que haga innecesario hacer unos nuevos apuntes, porque supondría una gran pérdida de tiempo.

— *Ausencia de lagunas.* Si se producen al tomar los apuntes, deben completarse de inmediato preguntando a alguna persona conocedora del tema, a los compañeros o al profesor.

— En los apuntes deben recogerse aquellos elementos gráficos que sirvan para su mejor comprensión: cuadros, esquemas y bocetos, así como los ejemplos aclaratorios.

Organización

— Registrar lo escuchado por medio de esquemas.

— Captar el contenido con sentido propio y además no mezclar temas, ni mucho menos asignaturas en una misma hoja.

— Cada folio debe guardar un orden con los demás, respecto a la estructuración del escrito y al formato material.

— Debe existir unidad de criterios en los signos utilizados, en los márgenes, títulos, subtítulos, etc.

Expresión

Debemos ser fieles a lo oído, independientemente de los criterios de cada uno, y que todas las frases recogidas tengan sentido.

Requisitos para entender una conferencia

— *Registrar* y concienciarse del título de la conferencia, así como de su autor (conferenciante).

— *Analizar*, mediante un esquema lógico, las ideas fundamentales y complementarias que resuman el conjunto del tema.

— *Desarrollar* con más amplitud las ideas o los contenidos expuestos en la conferencia con mayor riqueza de explicaciones y datos que los recogidos en el punto anterior.

— *Sintetizar* en un breve resumen las tres o cuatro ideas más importantes de dicha conferencia.

— *Elaborar y exponer un juicio crítico personal* sobre dicha conferencia, sobre todo con respecto al fondo o tema principal de la misma. Para ello tendremos en cuenta los siguientes factores:

- Interés del tema.
- Causas que lo han propiciado: políticas, sociales, religiosas, etc.
- Actitud del conferenciante: autoritaria, democrática, relajada, tensa, etc.
- Ambiente del auditorio, tanto el físico (sonido, temperatura...) como el emocional (distendido, atento, aburrido...).

Tomar notas, ya sea en clase o en conferencias, aumenta la capacidad de captación y elaboración lógica y contribuye a la maduración del juicio crítico, elementos esenciales en la madurez mental de una persona.

RESUMEN

- Tomar apuntes requiere esfuerzo y trabajo; no se trata de copiar al pie de la letra lo que dice el profesor, sino de desarrollar nuestra capacidad crítica y distinguir lo que es importante de lo que no lo es, de las ideas y gustos personales del profesor... Gauquelin nos apunta los principales obstáculos que interfieren en el arte de escuchar, entre los que destacan la pasividad del individuo, las distracciones, el espíritu viajero, la pantalla emocional, la falta de motivación, el instinto de réplica, los prejuicios, el egocentrismo y el sentido crítico patológico.
- Debemos estar atentos a las ideas principales o a los temas clave que en la mayor parte de los casos son enfatizados por el profesor. El tipo de exposición que este hace puede ser una explicación completamente nueva que requerirá toda nuestra atención, explicaciones complementarias que nos servirán para entender el tema totalmente y explicaciones que sirven de resumen o rectificación.
- Para saber captar una explicación es necesario realizar una lectura previa al tema, saber distinguir las ideas principales, centrar el interés en lo más importante, permanecer atento y escribir los puntos esenciales.
- Las claves para tomar bien los apuntes pueden resumirse en saber escuchar, saber pensar y saber escribir.
- Los apuntes nos sirven para identificar el núcleo o grupo de ideas importantes, aprender de los conocimientos del profesor y conocer la materia que entrará en el examen, a lo que se le da mayor importancia... Para tomar unas buenas notas es indispensable leer previamente el tema, no escribir todo lo que se diga, sino lo esencial, centrar las notas en nuestros propios interrogantes y de forma esquemática. Es importante repasar las notas cuanto antes para poder corregir y completar. Debemos saber organizar, esquematizar y clasificar de manera lógica. Unos buenos apuntes se basan en una presentación adecuada; deben organizarse por medio de esquemas, sin mezclar temas ni contenidos.
- Para captar o entender adecuadamente una conferencia es necesario registrar el título y el autor; saber analizar, desarrollar y sintetizar las ideas principales para poder elaborar y exponer un juicio crítico personal.

capítulo diez — Preparación de exámenes

En la época de exámenes hay que evitar, en la medida de lo posible, los agotamientos de última hora, porque deben prepararse desde el comienzo del curso.

Así pues, las tareas de llevar al día los temas, organizar todo el material que se estudia con esquemas y resúmenes, utilizar apuntes, aclarar dudas, fijar los conocimientos que se resisten a ser aprendidos y, sobre todo, repasar con frecuencia los temas, deben constituir un hábito que podemos conseguir por medio de las técnicas de trabajo intelectual.

Hay tres razones fundamentales por las que se deben preparar los exámenes desde el comienzo del curso:

— En el último momento no se puede disponer de tiempo, ni de tranquilidad anímica, ni de la suficiente confianza en sí mismo para repasar en profundidad los temas dados a lo largo de un curso.

— Los repasos frecuentes facilitan la comprensión y el aprendizaje. Cuanto más se dominen los primeros contenidos, mejor se asimilarán los que los siguen.

— Si no repasamos con frecuencia y asiduidad, dada la fragilidad de nuestra memoria, olvidaremos fácilmente lo aprendido.

Preparación de un examen

La preparación de un examen debe iniciarse con suficiente antelación, haciendo un horario de repaso y confeccionando una lista de los temas con la intensidad o dedicación que precise cada uno.

Debemos tener en cuenta varios factores:

— Aunque el repaso debe ser siempre personal, es importante *anotar las dudas* que surjan y tratar de resolverlas consultando a personas expertas. No hay mejor complemento para el repaso que preguntar y aclarar dudas en equipo. La superación de las dificultades comunes ayuda a superar con seguridad y confianza las pruebas finales.

— Para reorganizar lo aprendido, servirá de gran apoyo *repasar todo el material* de que se disponga sobre cada tema: apuntes, anotaciones marginales en el libro, dudas que se aclararon en su momento... Todo ello te servirá para hacer tu propia síntesis sobre la materia.

— *Hacerse diversas preguntas* sobre los temas estudiados y preguntar o dialogar sobre esas cuestiones con personas que los conozcan. Se pueden simular exámenes parecidos a aquellos a los que esperas ser sometido...

— *Será bueno adquirir información sobre los exámenes*, consultando a personas que ya hayan pasado por ese trance, sobre la forma de preguntar, contenidos a los que se da mayor importancia...

La semana anterior al examen

Hay cuatro formas de calmar los nervios cuando solo nos queda una semana para el examen:

— *Reducir los contenidos de cada tema* a las ideas más importantes, por lo que tendremos que hacer esquemas, repasando los apuntes y los resúmenes.

— *Familiarizarse con la situación de examen*, para lo cual simularemos estar ya en el lugar preciso, relajados y dispuestos a contestar a las preguntas.

— *Entrenarse contestando preguntas similares* a las que suelen formularse en estos casos, pues ayuda a perfeccionar las respuestas ante el examen real.

— *Descansar mental y físicamente durante esta semana*, porque estudiar muchas horas seguidas y agotarse en el último momento supone reducir el propio rendimiento.

¿Qué hacer antes y durante el examen?

El día antes del examen es el momento en que hay que dar el último repaso. Puede hacerse en compañía de un compañero que posea un nivel de conocimientos similar, para revisar juntos los puntos más débiles y difíciles del programa.

Se puede realizar un intercambio de preguntas alternativas, y se prestará atención a las respuestas incorrectas o incompletas. A continuación, se comprobará si todo ha quedado perfectamente comprendido y aprendido.

La noche antes del examen hay que acostarse a la hora normal, sin pretender estudiar febrilmente hasta altas horas de la madrugada.

Además, conviene dejar preparado todo el material que necesitemos para hacer el examen y acostarse tranquilo sabiendo que todo está listo. Si se desea, antes se puede dar un paseo y un baño de agua tibia para dormir relajado.

Antes del examen

El mejor estudiante puede cometer errores por falta de técnica, errores sin importancia, pero que reducirán la puntuación merecida: la prisa, el cálculo erróneo del tiempo, la mala interpretación de algunas preguntas, una presentación desordenada, no responder a lo que se pregunta y perderse en cuestiones poco relevantes... Todo ello puede perjudicar una buena calificación.

Además de la falta de técnica, el *estado emocional* previo a un examen también es determinante; por eso no conviene llegar demasiado pronto al lugar donde lo tengamos, porque se puede contagiar el nerviosismo del ambiente.

En el examen

Antes de contestar, hay que leer cuidadosamente las instrucciones en las que el examinador señala el tiempo para cada pregunta, el número de preguntas y los aspectos a los que hay que conceder mayor importancia. Después procederemos de la siguiente forma:

— Leer con atención las preguntas del examen y asegurarse de haberlas comprendido.

— Distribuir racionalmente el tiempo con arreglo a la dificultad y la extensión de cada pregunta.

— Dejar espacio para contestar a la pregunta siguiente, en el caso de que se pase el tiempo asignado a la anterior.

— Reservar diez minutos al menos para el final del examen y poder repasar las preguntas, revisar la puntuación y, sobre todo, las omisiones de algo que pueda considerarse esencial en las respuestas.

— Cuidar mucho las palabras y las expresiones, y plantear con precisión cada respuesta. Lo mejor es hacer un borrador con un esquema de los puntos esenciales que deben figurar en la exposición, guardando un orden lógico.

— Limitarse a lo que plantea la cuestión sin hacer digresiones inútiles, precisar con claridad las ideas principales y explicarlas mediante las ideas secundarias y otros matices.

— Aunque otros hayan acabado, hay que mantenerse fiel al plan trazado y aprovechar todo el tiempo del que se dispone para el examen.

— Expresar con *claridad de ideas*, sin divagar ni querer impresionar por el número de folios escritos. Los latinos decían: «Non multa, sed multum» («No es cuestión de poner muchas palabras, sino de decir mucho con pocas»).

— Enumerar cada una de las respuestas, destacando con claridad los aspectos importantes de cada una de manera ordenada, con buena letra y sin tachaduras ni borrones. Hay que tener en cuenta que la buena presentación favorece la claridad.

Reflexiones después del examen

Cuando se concluye el examen parece que muchos estudiantes hubieran recibido permiso para olvidar, para sepultar en el inconsciente todo lo que han aprendido. Pero las personas responsables saben que «aprenden para la vida, no para la escuela».

La reflexión sobre los propios fallos sirve para marcarnos nuevas metas, ya que la capacidad de autocrítica puede transformarlos en éxitos.

A continuación sugerimos las siguientes preguntas de autoevaluación para después del examen:

— ¿Entendí perfectamente el contenido de cada pregunta y lo que me pedía?

— ¿Supe centrar mi atención en las ideas principales y desarrollar sus aspectos básicos?

— ¿Olvidé algunos conceptos secundarios pero, de alguna manera, necesarios para la comprensión de las ideas principales?

— ¿Fui ordenado en la exposición, desarrollando lógicamente mi pensamiento?

— ¿He escrito las preguntas escribiendo de manera ordenada en un estilo cuidado y sin ninguna falta de ortografía?

— ¿Llevaba bien preparados los temas, o solo de manera superficial e incompleta?

Una vez detectados tus errores, actúa eficazmente sobre ellos. Y recuerda: «Errando discitur» («Aprendemos mediante errores»).

RESUMEN

- Los exámenes deben prepararse desde el comienzo de curso, ya que no dispondremos de tiempo ni tranquilidad si lo dejamos todo para el último momento. Además, los repasos frecuentes facilitan la comprensión y el aprendizaje, y evitan que nos olvidemos fácilmente de los contenidos.
- La preparación próxima a un examen debe iniciarse con antelación y debe incluir un horario de repaso que nos ayude a distribuir el tiempo por temas. Es importante ir anotando las dudas, de manera que podamos resolverlas con personas expertas. También es útil repasar todo el material, hacernos preguntas sobre el tema estudiado y preguntar a otras personas sobre el tipo de examen y los contenidos a los que se les da mayor importancia.
- Para calmar los nervios de la última semana debemos reducir los contenidos de cada tema, centrándonos en lo más importante; podemos simular la situación de examen y entrenarnos haciéndonos preguntas similares a las que nos harán en el mismo. Para todo esto, es necesario descansar mental y físicamente durante esta semana.
- El día antes del examen podemos hacer un último repaso junto a un compañero con el que revisar los puntos más difíciles del programa y debemos acostarnos a la hora habitual sin pretender estudiar hasta la madrugada.
- No es conveniente llegar demasiado pronto al examen, pues debemos mantener un estado emocional sereno y tranquilo. Durante el examen, debemos leer con cuidado las instrucciones del examinador antes de empezar a contestar. También debemos leer atentamente las preguntas y distribuir de forma adecuada el tiempo necesario para cada una teniendo en cuenta un tiempo final para repasar todo el examen. Debemos cuidar mucho las palabras y las expresiones siguiendo un esquema lógico, precisando con claridad las ideas principales y aprovechando todo el tiempo del que disponemos. Tampoco debemos olvidar la presentación, que debe ser limpia y ordenada, ya que favorecerá la claridad de nuestro examen.
- Después del examen es conveniente reflexionar sobre los propios fallos para aprender de ellos y poder marcarnos nuevas metas.

capítulo
once   Repaso y evaluación

Repaso y puesta a punto

El *olvido* es un proceso de deterioro o pérdida de los conocimientos adquiridos. Suele ser un fenómeno normal en el ser humano, pero tiene un carácter selectivo.

Aprendemos lo más y lo menos importante, retenemos lo necesario y olvidamos parte de ello, ya sea por desgaste del tejido cerebral, por no utilizarlo, por no recordarlo o repasarlo con frecuencia, y por interferencia con otros conocimientos nuevos.

En la gráfica de la *curva del olvido* puede verse con claridad cómo los conocimientos aprendidos se van olvidando progresiva-

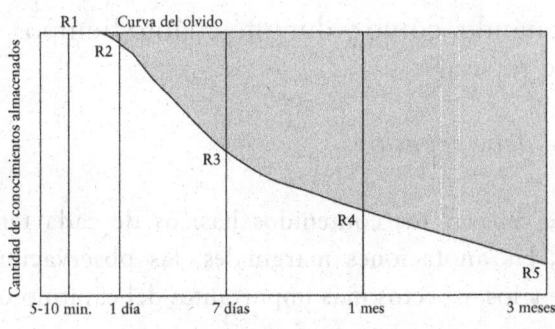

mente, si no se revisan y repasan. De ahí que señalemos la periodicidad con que han de hacerse los repasos.

¿Cómo se puede evitar el olvido?

Para que pueda realizarse el aprendizaje de algo es imprescindible repetir o recitar lo aprendido, técnicas que varían según la capacidad de cada sujeto y de su grado de interés y atención.

Quizá lo más práctico y habitual sea la explicación o verbalización que cada uno hace mentalmente, contándose lo aprendido.

Como norma general, para evitar el olvido, se ha de procurar revisar el material estudiado dentro de las primeras veinticuatro horas siguientes al examen, y cuantas más veces mejor, con el fin de lograr un afianzamiento de lo aprendido anteriormente.

También es muy aconsejable espaciar las sesiones de estudio, de manera que cada lección o tema se aborde en tiempos no demasiado largos y pesados y en varios momentos del día.

¿Qué, cuándo, cómo y durante cuánto tiempo se ha de repasar?

¿Qué se debe repasar?

Hay que repasar los contenidos básicos de cada tema, los apuntes, las anotaciones marginales, las observaciones del profesor y los aspectos más importantes del capítulo o la lección.

¿Cuándo se ha de repasar?

Hay que repasar en las primeras horas después de la explicación con los métodos de la repetición-recitación, aunque ya queda expresado en el gráfico anterior la periodicidad con que se ha de revisar lo aprendido para no olvidarlo. Los repasos deben ser más frecuentes cuanto más próximos nos encontremos a la primera sesión de estudio.

¿Cómo se ha de repasar?

Los trabajos de experimentación psicopedagógica han demostrado que se aprende mejor en pequeños intervalos que en prolongadas sesiones de estudio.

Hermann Ebbinghaus demostró que, si se estudia un tema en tres sesiones distintas en lugar de en una única, se tarda la mitad del tiempo, o sea, ahorramos un 50 por ciento del mismo.

¿Durante cuánto tiempo se ha de repasar?

El tiempo que se tarda en repasar dependerá siempre de la dificultad que tenga cada materia para el estudiante.

Si ya se tiene una idea general bastante clara, los contenidos están bien organizados y hay cierta familiaridad con ellos, con un tercio del tiempo empleado en el primer estudio es suficiente.

El repaso garantiza la asimilación

Muchos estudiantes consideran que el repaso debe hacerse solo en las fechas previas a los exámenes, pero están equivocados. Antes de los exámenes es necesario hacer varios repasos sobre la base de los apuntes, los resúmenes y los esquemas previamente elaborados por nosotros, con lo cual se ahorra mucho tiempo y se evita la ansiedad y el nerviosismo de última hora.

A medida que se acercan los exámenes, los repasos serán más frecuentes e intensos.

La evaluación continua y sus ventajas

En teoría, se admite que la evaluación continua aporta innumerables ventajas para el alumno: es más humana, justa, razonable y pedagógica, y además descarga a este de una gran ansiedad y preocupación innecesarias.

Sin embargo, la realidad es muy distinta, porque muchos profesores siguen aferrados al examen como única técnica fiable para valorar el rendimiento escolar del alumno, al menos en la educación secundaria y bachillerato, pues en los estudios universitarios, gracias al plan Bolonia, esta va a ser una práctica natural.

El gran peligro, además de los expuestos en otros capítulos, es que los exámenes se han convertido en un fin en sí mismos; es decir, solo se trabaja o estudia para pasarlos y aprobarlos.

En una encuesta realizada a estudiantes de la ESO en la que se les preguntaba que para qué estudiaban, solo un 6 por ciento manifestó que lo hacía para saber y formarse. Los demás alumnos solo manifestaron estar interesados por «aprobar», independientemente de que los conocimientos adquiridos permanecieran más o menos en su mente y pudieran o no serles útiles en el futuro.

Ventajas de la evaluación continua

La evaluación continua bien hecha es más objetiva y fiable que el examen único, y tiene como objetivo comprobar el rendimiento del alumno de manera más coherente, por eso me parece un acierto que la nueva reforma universitaria lo contemple. A continuación se exponen algunas de las ventajas de la evaluación continua.

1. *Valora los esfuerzos y logros del alumno día a día*, a través de los cuadernos de clase, los controles periódicos, las actividades personales y en grupo, etc.

Este seguimiento continuo del alumno es lógicamente más fiable, porque aporta gran cantidad y variedad de datos para valorar el aprovechamiento escolar a lo largo de todo el curso (y no solo en fechas de exámenes) de un alumno.

2. *Proporciona mayor seguridad al alumno y le estimula a estudiar cada día*, sin permitirle dejar todo para el último momento. Si el estudiante comprueba que cuanto hace cada día en clase y en casa es valorado convenientemente, y que sus esfuerzos e interés se reflejan de alguna forma en el cuaderno de notas del profesor, se acostumbrará a no dejar para el día siguiente los trabajos.

La evaluación continua es un estímulo permanente para la superación y dedicación diaria, pero si, por el contrario, el estudiante es consciente de que llevar los ejercicios y las tareas al día y bien hechos no se tiene en cuenta, y que su calificación será la obtenida en el control realizado cada uno o dos meses por el profesor, es probable que ese alumno descuide el trabajo personal y deje la preparación de las lecciones para los últimos días.

3. *Permite al profesor descubrir aptitudes, intereses, dificultades, dudas, lagunas de contenidos*, que aportan valiosísimos datos para personalizar la enseñanza y poner los remedios oportunos antes de que finalice el curso.

La evaluación continua es una medida muy eficaz para la lucha contra el fracaso escolar.

La autoevaluación del estudiante

El estudiante, a la vista de unos resultados escolares poco satisfactorios, no tiene dificultad alguna para prometer que se va a esforzar en el futuro y que va a recuperar el tiempo perdido. Pero todos sabemos lo que son esas promesas: solo duran dos o tres semanas.

La clave para la continuidad en el esfuerzo consiste en que el alumno *aprenda a autoevaluarse cada día* sobre cinco aspectos directamente relacionados con su aprovechamiento en el estudio:

— Atención en clase: At.
— Preguntar al profesor lo que no se entiende: Pp.
— Salir voluntario a dar la lección: Sv.
— Hacer las tareas o el trabajo personal en casa: Ta.
— Estar a gusto en clase: Eg.

En la ficha que propongo a continuación figuran debajo de cada asignatura los espacios en que han de colocarse los signos de autoevaluación. Con ella, al final de cada semana se obtienen los resultados globales de la actitud ante el estudio, tanto en clase como en casa. Los fallos detectados nos indicarán qué acciones concretas hay que llevar a cabo a partir del lunes siguiente.

La constancia empleada en la autoevaluación, dedicando cinco minutos al final de cada jornada de estudio, ayudará al estudiante a convertirse en una persona responsable y eficaz.

Alumno .... Curso .... Semana .... Mes ....

LUNES					MARTES					MIÉRCOLES					JUEVES					VIERNES				
At	Pp	Sv	Eg	Ta	At	Pp	Sv	Eg	Ta	At	Pp	Sv	Eg	Ta	At	Pp	Sv	Eg	Ta	At	Pp	Sv	Eg	Ta
At	Pp	Sv	Eg	Ta	At	Pp	Sv	Eg	Ta	At	Pp	Sv	Eg	Ta	At	Pp	Sv	Eg	Ta	At	Pp	Sv	Eg	Ta
At	Pp	Sv	Eg	Ta	At	Pp	Sv	Eg	Ta	At	Pp	Sv	Eg	Ta	At	Pp	Sv	Eg	Ta	At	Pp	Sv	Eg	Ta
At	Pp	Sv	Eg	Ta	At	Pp	Sv	Eg	Ta	At	Pp	Sv	Eg	Ta	At	Pp	Sv	Eg	Ta	At	Pp	Sv	Eg	Ta
At	Pp	Sv	Eg	Ta	At	Pp	Sv	Eg	Ta	At	Pp	Sv	Eg	Ta	At	Pp	Sv	Eg	Ta	At	Pp	Sv	Eg	Ta
At	Pp	Sv	Eg	Ta	At	Pp	Sv	Eg	Ta	At	Pp	Sv	Eg	Ta	At	Pp	Sv	Eg	Ta	At	Pp	Sv	Eg	Ta

At			Pp		Sv	Eg	Ta		
*	+	–	•	–	•	□	*	+	–

* Mucha
+ Bastante
– Poco o nada
• Sí
– No
□ Estar a gusto

RESUMEN

- El olvido es un proceso de deterioro o pérdida de los conocimientos almacenados; para evitarlo es preciso que realicemos repasos con cierta periodicidad.
- Para poder contrarrestar el olvido es necesario afianzar el aprendizaje repitiendo o recitando lo aprendido cierto número de veces. Es aconsejable revisar el material dentro de las primeras veinticuatro horas siguientes al primer aprendizaje y espaciar convenientemente las distintas sesiones de estudio.
- Se deben repasar los contenidos básicos de cada tema y repetirlos, recitarlos en las primeras horas de estudio y cuanto más próximos nos encontremos de la primera sesión de estudio. Se ha demostrado que se aprende mejor en pequeños intervalos de tiempo, que dependerán de la dificultad que entrañe la materia para cada estudiante.
- El repaso debe realizarse de manera continuada y será más intenso y frecuente a medida que se acerquen los exámenes.
- La evaluación continua constituye un método más objetivo y fiable que la realización de un único examen, ya que valora los esfuerzos del alumno día a día, proporciona mayor seguridad al mismo, lo estimula a estudiar diariamente, y permite al profesor descubrir aptitudes, intereses y dificultades en cada alumno.
- El estudiante debe realizar una autoevaluación diaria en la que pueda apreciar su aprovechamiento en el estudio. Debe evaluar su atención en clase, si pregunta al profesor lo que no entiende, si ha salido voluntario a dar la lección y si realiza las tareas en casa o el trabajo personal. Los fallos detectados deben indicarnos qué acciones concretas debemos cambiar para convertirnos en un estudiante responsable y eficaz.

| capítulo doce | Realización de un tema escrito |

El trabajo intelectual o, para entendernos mejor, de estudio requiere poner en juego muchos ejercicios mentales: capacidad de observación, inducción, deducción, documentación, análisis y verificación de datos que, de manera sistemática, pueden confluir como una «unidad funcional» en la elaboración de temas o informes escritos, como culminación de un proceso de investigación.

No se trata de una investigación en estricto sentido científico, sino de la indagación personal que le permite al individuo inteligente demostrar su capacitación para la autodidaxis (capacidad de aprender por cuenta propia), que es uno de los objetivos básicos de la formación intelectual.

Ventajas de los temas escritos

Entre las ventajas que ofrecen los temas escritos, a continuación señalamos las principales:

— El estudiante aprende a exigirse a sí mismo precisión, claridad y organización mental sobre los contenidos de un tema determinado.

— Cuando la información que tengamos esté desordenada, inconexa, y a falta de una adecuada estructuración, la primera tarea consiste en precisar cuáles son las ideas relevantes, organizarlas de forma coherente y desechar las inservibles.

— Le ayuda a conocer sus propias aptitudes y le permite detectar sus propios fallos, deficiencias y puntos débiles, con el tiempo suficiente para poner remedio.

— La elaboración personal de los temas por escrito supone un entrenamiento para redactar bien los exámenes. No basta con saber, hay que demostrar lo que se sabe mediante una expresión adecuada.

Cualquier profesor valora muchísimo un examen perfectamente estructurado y redactado.

Fases de la realización de un tema escrito

Para una correcta elaboración de un tema escrito es preciso dar los siguientes pasos:

1. *Seleccionar bien el tema* sobre el que se desea trabajar, con plena seguridad de que nos interesa realmente y de que esté dentro de nuestras posibilidades.

2. *Recopilar el material* necesario relacionado con el tema: notas, artículos, bibliografía, material gráfico (fotos, mapas, grabados...) que nos documenten al máximo sobre el mismo, y que todo ello pueda organizarse para la elaboración definitiva del tema.

3. *Formular los objetivos generales y concretos* que nos proponemos con este trabajo y confeccionar un esquema con los puntos esenciales que sirva de guía en la elaboración y el desarrollo del tema.

Este paso ayuda a ordenar y estructurar las ideas sobre el tema propuesto.

4. *Redactar un borrador* sobre el cual se puedan corregir los errores y perfeccionar los contenidos y la forma definitiva del trabajo.

5. Procurar que dicho trabajo sea crítico (a saber, cimentado sobre razones y no sobre afirmaciones gratuitas), original y creativo.

6. Es recomendable pasar a ordenador, imprimirlo y protegerlo con una cartulina protectora adecuada, en cuya portada figuren los siguientes datos:

— Título del trabajo.
— Autor: nombre y apellidos.
— Materia.
— Centro cultural, institución o universidad a la que pertenece el autor...

La elección del tema

Conviene enterarse bien del alcance que se quiere dar al tema elegido, es decir, tener claras las siguientes cuestiones:

— ¿Qué objetivo se busca con este trabajo?
— ¿Se refiere a un tratamiento general o a un estudio específico o detallado?
— ¿Se requiere documentación o información en determinadas fuentes, o es preciso recurrir a datos experimentales?
— ¿El tema de trabajo implica otros temas afines a él?

A modo de ejemplo, expondré *una guía práctica* que sirve para centrar el tema, y que puede ser la siguiente:

— *Área de conocimiento*: Geografía socioeconómica.
Tema: «Petróleo, el oro negro».
Objetivo: comprender la trascendencia que esta fuente de energía tiene para la economía mundial.
— *Motivación*:
- *Científica*: conocer mejor las diferentes aplicaciones industriales, comerciales, sociales... del petróleo.
- *Humana*: analizar la repercusión de su uso y abuso. Las fluctuaciones económicas a que da lugar. Los problemas que derivan de la limitación de estos recursos energéticos.

La documentación

La originalidad y la creatividad en el desarrollo de un tema no significa que tengamos que conseguir todos los datos y los elementos necesarios por cuenta propia. Muchos autores, antes que nosotros, ya han pensado en estas cuestiones, y nos servimos de ellos para interpretar creativamente los datos que ellos nos aportan. Lo que constituye la tarea de documentación es buscar los datos allí donde lógicamente se puedan encontrar.

A continuación, gracias a la clasificación dada por Duverger, autor de *Método de Ciencias Sociales*, podemos saber, según el tipo de documento o dato que nos interese, dónde es posible encontrar la documentación que necesitamos, sea cual sea el tema:

La observación documental

Categorías de documentos			
A) Documentos escritos	Archivos	Públicos / Privados	
	Prensa	Periódicos / Revistas	
	Archivos privados	Partidos políticos / Fundaciones / Sindicatos / Iglesias	
B) Estadísticas	Documentación indirecta	Anuarios / Obras literarias	
	Documentación técnica	Objetos domésticos / de distracción, / de guerra, / de religión...	
C) Demás documentos	Documentación iconográfica	Dibujos / Cuadros / Esculturas / Fotografías / Filmes...	
	Documentación hablada	Lingüística / Tradición / Grabaciones / Fonografía...	

Estructuración y redacción del tema

Estructuración

El tema se estructura con un guión o índice en el que se especifiquen los diversos apartados que deseemos tratar, dando a cada uno la amplitud necesaria. La estructura de este primer esbozo del tema tendría que constar de los siguientes apartados:

— Planteamiento del tema de forma breve y clara.

— Introducción o presentación del tema, en cinco o seis líneas.

— Marco de referencia en que se encuadra.

— Exposición por apartados de las distintas cuestiones clave del tema, pero detallando bien todos sus aspectos y matices por orden de importancia; en definitiva, partes que tratará el tema.

— Conclusión breve pero completa sobre sus contenidos básicos.

Redacción

Para *redactar bien el tema*, hay que tener como referencia el guión o esquema detallado.

Conviene redactar un *primer borrador* de ensayo, dejando amplios márgenes para las correcciones y añadiduras que, sin duda, se verá uno obligado a realizar y, en la *redacción definitiva* del tema, debemos considerar los siguientes aspectos:

— Que el trabajo, tal como está redactado, responda a todas las cuestiones enumeradas y consignadas como básicas.

— Que haya una buena organización de las ideas, según el esquema o guión inicial, después de haber sido corregido y completado.

— Que todas las ideas estén expresadas de manera clara y precisa, de forma que cualquiera que lo lea en voz alta comprenda perfectamente su contenido y estructura.

— Poner sumo cuidado en no cometer ningún tipo de incorrección gramatical, ortográfica o estilística. Hay que utilizar las palabras más apropiadas, evitando las genéricas como «algo», «nada», «hacer», «ser», «cosa», «esto» y «aquello»...

Si alguna palabra se repite demasiado, es conveniente recurrir a los sinónimos, para que no dé la sensación de pobreza de léxico.

— Seguir el orden lógico gramatical de los elementos de la oración castellana: sujeto, verbo y complemento (directo, indirecto y circunstancial).

Lo importante es que las frases estén bien construidas y que la puntuación sea correcta. Por eso, conviene repasar de vez en cuando las reglas básicas de puntuación.

— Construir bien los párrafos; cada párrafo suele comprender más de una frase y contiene el pensamiento del autor sobre un punto concreto.

RESUMEN

- La elaboración de temas o informes escritos permite al individuo demostrar su capacidad para la autodidáctica, uno de los objetivos de la formación intelectual.
- Los temas escritos permiten que el individuo aprenda a exigirse a sí mismo precisión sobre los contenidos aprendidos, le ayuda a conocer sus propias aptitudes y fallos y supone un entrenamiento para redactar bien los exámenes.
- Para realizar un tema escrito debemos seleccionar bien el mismo y recopilar el material necesario para poder desarrollarlo. Es necesario formular los objetivos generales y concretos que nos ayuden a ordenar y estructurar las ideas. A continuación, realizaremos un borrador que podemos ir perfeccionando y perfilando e intentaremos que sea un trabajo crítico, original y creativo.
- Para elegir el tema debemos enterarnos bien de su alcance, fijar los objetivos y buscar su relación con otros trabajos. Para centrar el tema debemos definir el área de conocimiento, el tema, el objetivo y la motivación científica y/o humana.
- Mediante la tarea de documentación accedemos a los datos necesarios para realizar nuestro trabajo. Siguiendo una clasificación propuesta por Duverger, los documentos pueden ser escritos, como los archivos y la prensa, estadísticos y de otro tipo, como dibujos, cuadros, tradición oral...
- La estructura del informe escrito puede seguir los siguientes pasos: planteamiento del problema/tema de forma breve y clara, introducción, marco de referencia, exposición por apartados y conclusión breve y completa.
- Conviene redactar un primer borrador de ensayo que nos permita hacer correcciones y añadiduras. La redacción definitiva debe responder a todas las preguntas básicas, estar organizada según el guión principal, expresar todas las ideas de manera clara y precisa, cuidar la gramática, la ortografía y el estilo, respetar las reglas sintácticas y construir adecuadamente los párrafos.

| capítulo trece | Atención e interés en el estudio |

La atención es el proceso por el que centramos, de forma selectiva, la percepción sobre un estímulo que pasa al primer plano de nuestra consideración, mientras ignoramos los demás estímulos, que por ello quedan fuera de nuestro campo de atención.

La atención presenta los siguientes rasgos distintivos:

1. *Selección*. En la consideración del individuo prevalece el estímulo seleccionado. La atención no es otra cosa que «el aspecto selectivo de la percepción»: ponemos unos aspectos en primer plano y relegamos otros a la penumbra.

2. La *claridad* es otra nota, consecuencia lógica de la selectividad, ya que el hecho de centrarse sobre un estímulo aumenta la nitidez y la fuerza de captación.

3. *Limitación*. Tanto la experiencia común, como las experiencias de laboratorio, demuestran que no podemos atender a varias cosas a la vez.

No obstante, se puede dar un procesamiento consciente y otro no consciente o automático en los datos de nuestra atención; por ejemplo, cuando uno conduce un automóvil (proceso automático) y habla al mismo tiempo (proceso consciente).

Se denomina *atención compartida* a la posibilidad de realizar dos tareas a la vez, como en el caso de un jugador de ajedrez, que es capaz de jugar dos o más partidas simultáneas. (En realidad, se trata de una atención sucesiva y versátil.)

Factores de la atención

Existen dos tipos de factores que influyen o determinan la atención:

Factores externos

Tienen un carácter predominantemente físico y exterior al individuo, y estos son: el tamaño, el color, la luminosidad, el movimiento, la novedad, la posición...

Estos factores determinan nuestra atención en cada momento. Supongamos que nos encontramos en una fiesta de amigos y entre los invitados se encuentra una pareja nueva, desconocida por casi todos. Este «elemento novedoso» estimula y capta la atención de todos los asistentes, que se preguntarán quiénes son, quién los ha invitado, y si serán o no familiares de algún amigo...

El factor «tamaño» también captará nuestra atención porque, por ejemplo, tampoco nos pasará desapercibido un jugador de baloncesto que pase a nuestro lado.

Factores internos

Son aquellos relacionados con las motivaciones, las expectativas y demás características del individuo, y podemos diferenciar dos categorías:

1. *Factores internos fisiológicos*. Son ajustes de los órganos sensoriales como ajustes de posturas, movimientos, etc.

Recordemos el caso de la erección de las orejas en animales como el perro, el gato o el caballo; el aumento de la tensión muscular; las alteraciones cardíacas, respiratorias o palpebrales..., que son condiciones periféricas de la atención.

Estos datos son fácilmente observables por el conferenciante cuando se halla frente a su auditorio: uno bosteza, otro cabecea, otro sonríe melifluamente... Pueden ser signo del grado de interés que su discurso provoca, o indicio claro de que debe introducir cambios en su exposición.

2. *Factores internos psíquicos*. En realidad, coinciden con los elementos motivacionales: motivos, intereses, expectativas..., disposiciones para percibir el entorno de un modo particular.

Propiedades de una atención efectiva

La atención puede ser espontánea y voluntaria.

— *Espontánea*. Es la que se da sin esfuerzo alguno por parte del individuo porque es el estímulo el que provoca directamente la misma: un color llamativo, una ráfaga de luz, un timbrazo o cualquier novedad que nos atraiga por sí misma.

— *Voluntaria*. Depende de un esfuerzo, de un acto consciente buscado y deseado por el individuo, y, por tanto, mediante una participación activa y selectiva. Es necesario seleccionar un estímulo en detrimento de los demás. Este tipo de atención es la que precisa el trabajo intelectual, y para que resulte positiva debe tener:

1. *Concentración.* Es la propiedad más destacada y ha caracterizado a las mentes más lúcidas. Supone estar inmerso, física y mentalmente, en el tema u objeto atencional con exclusividad.
2. *Carácter limitado.* La atención debe tener un límite, sin querer abarcar demasiado, porque esto favorece indudablemente la concentración.
3. *Constancia y firmeza* en apartar todos los estímulos que puedan interferir en la concentración o que no guarden relación con el objeto central de la atención.
4. *Capacidad de adaptación.* Significa poder pasar nuestra atención de unos objetos a otros, con fluidez, sin brusquedad y sin perder la intensidad de la misma, durante el breve proceso de acomodación al nuevo tema sobre el que centrar nuestra mente.
5. *Motivación.* Es un elemento imprescindible para una atención efectiva y para que el individuo esté interesado, dispuesto. La atención motivada facilita la concentración en el estudio y permite que toda la energía psíquica del estudiante se concentre en la consecución de los objetivos que se ha propuesto, evitando la dispersión del esfuerzo y facilitando la comprensión y asimilación de los contenidos.

El interés como expresión de la atención motivada

El concepto de interés ha sufrido *diversas interpretaciones* que conviene saber:

— Para Herbart, el interés no ha de confundirse ni con el placer ni con el deseo. Es más bien una *actividad espontánea de naturaleza intelectual*, o sea, la *atención reforzada por una tensión afectiva*. Podría definirse como «un sentimiento de atención curiosa provocado por la experiencia».

— Para los teóricos de la Escuela Nueva (Dewey, Claparède), el interés es *expresión de una necesidad biológica*, ya que esta última representa la tendencia del organismo a adaptarse vitalmente al ambiente (nos interesan aquellos objetos que pueden satisfacer nuestras necesidades). El interés tiene, pues, una *función de adaptación*.

— E. Devaud recuerda a estos últimos autores que existen también intereses de naturaleza espiritual: amor y deseo de la verdad, del bien, de la justicia; apertura frente a los deberes de la vida; satisfacción por el trabajo bien hecho; sentimiento moral y religioso...

Cualquiera que sea la postura ideológica, el interés es el resultado de una *atención motivada,* una síntesis vital de impulso, atracción y deseo, que mueve al individuo a utilizar los medios eficaces para la consecución de sus objetivos.

El interés puede compararse en lo fisiológico al hambre y la sed; es decir, el individuo realmente interesado por un tema no descansa hasta conocerlo en profundidad y dominarlo.

Metodológicamente conviene distinguir entre dos tipos de interés:

— *Interés objetivo*. Depende de las propiedades y características del objeto que suscitan la atención e incitan a la acción.

— *Interés subjetivo*. Depende de las necesidades, deseos y aspiraciones del sujeto, que le impulsan a interesarse por aquello que pueda satisfacerlos.

Ambos aspectos se hallan estrechamente unidos: un objeto, tarea o tema con fuerte carga de interés objetivo (es decir, muy interesante) tiene muchas probabilidades de provocar el interés subjetivo de un individuo.

Por el contrario, un objeto, tarea o tema presentado de forma poco sugestiva y con bajo nivel de interés tiene escasas probabilidades de entusiasmar a nadie.

Leyes del interés

El interés constituye una disposición favorable para el aprendizaje porque aumenta el rendimiento y disminuye la fatiga.

La inclinación espontánea hacia el objeto de la enseñanza crea unas condiciones tan favorables, que la enseñanza-aprendizaje dejaría de ser un problema, si el estudiante se sintiese espontáneamente inclinado al estudio de las materias escolares.

Nos asalta una duda: ¿la inclinación espontánea del individuo hacia el objeto garantiza sin más la eficacia educativa de tal objeto?

Ya Quintiliano observaba sabiamente que «si solo bastase la naturaleza, la enseñanza sería totalmente inútil».

La experiencia confirma que la mera espontaneidad no basta para educar, porque muchas inclinaciones espontáneas del hombre son ambiguas o peligrosas. Abandonar al hombre a sus propios impulsos es dejarlo a merced del ambiente y, lejos de favorecer la madurez humana, se corre el riesgo de convertir al hombre en «una cosa más entre las cosas».

Hay factores que contribuyen a despertar el interés y la curiosidad intelectual, entre los que podemos contar como principales los siguientes:

— Un ambiente familiar rico en incentivos y experiencias de tipo cultural contribuye, sin duda, a despertar y consolidar intereses intelectuales.

— En el ámbito de la comunidad, esta ha de ofrecer estímulos culturales (bibliotecas, espectáculos...).

— En el ámbito escolar, el profesor es una pieza clave para despertar los intereses del alumno. Su simpatía personal hará posible que la atracción afectiva de sus alumnos se desplace de la persona al objeto enseñado. La madurez personal del maestro pesa mucho, ya que se educa más por lo que se es que por lo que se hace o se dice.

Una exposición amena y cálida hace posible la participación confiada y el diálogo sobre el tema.

RESUMEN

- La atención es un proceso selectivo mediante el cual percibimos un estímulo y dejamos en un segundo plano a los demás y nos permite aumentar la nitidez y la fuerza de captación. Aunque no podemos atender varias cosas a la vez, se puede dar un procesamiento consciente y otro no consciente o automático al mismo tiempo.
- Nuestra atención está determinada por factores externos como el tamaño, el color o la luminosidad del estímulo y por factores internos que pueden ser fisiológicos (sentidos, posturas...) y psíquicos (motivación, interés...).
- La atención puede ser espontánea o voluntaria. Para que la atención resulte positiva debe tener concentración, un campo reducido, constancia y firmeza, capacidad de adaptación y motivación.
- La definición de interés ha tenido distintas interpretaciones: Herbart lo define como «la atención reforzada por una tensión afectiva»; para la Escuela Nueva, el interés tiene una «función de adaptación»; Devaud nos recuerda la existencia de intereses de naturaleza espiritual... Podríamos concluir diciendo que el interés es el resultado de una *atención motivada*. Conviene distinguir entre interés objetivo e interés subjetivo.
- El interés facilita el aprendizaje, porque aumenta el rendimiento y disminuye la fatiga. La experiencia nos confirma que la espontaneidad no basta para educar; es necesario despertar y mantener el interés y la curiosidad intelectual. Para ello debemos tener en cuenta factores como un ambiente familiar rico en incentivos, la convivencia entre individuos que debe ofrecer estímulos culturales de todo tipo, y el ámbito escolar, centrado sobre todo en el profesor.

| capítulo catorce | La distracción: causas y remedios |

Causas de la distracción

Distraerse por hábito suele ser consecuencia, en mayor o en menor medida, de la ausencia, la disminución o la pérdida del interés. De acuerdo con esta consideración, se puede hablar de causas objetivas y subjetivas de la distracción.

Causas subjetivas

1. *La falta de vivencias, de actividad mental y también de léxico.* Es el caso de no pocas personas a quienes en su niñez apenas se les hablaba, y con quienes se rehuía jugar, o a quienes no se les enseñaban las actividades propias de su edad. Sus padres no los estimularon lo suficiente, o se lo dieron todo hecho hasta pasada la segunda infancia, con lo cual se les incapacitó intelectualmente al no permitirles desarrollar a edades tempranas sus aptitudes de manera activa y natural.

Cuando a los niños se les da todo hecho, están desmotivados y carecen de interés. Una regla de oro de la enseñanza activa es la siguiente: «No hagan padres y educadores lo que sean capaces de hacer los niños».

2. *Exigir tareas o niveles de contenidos para los que el individuo aún no se halla capacitado.* No se puede enseñar a un bebé a bailar rock, ni aprender unos contenidos sin haber interiorizado antes las ideas principales. Antes de ascender al escalón superior, tenemos que superar los inferiores.

3. *Falta de estimulación e interés ante tareas demasiado fáciles.* Si los temas, tanto por su cantidad como por su calidad, no presentan gradualmente cierta dificultad, el estudiante perderá el interés y su atención decaerá pronto. Las explicaciones sirven para esclarecer lo que no se entienda fácilmente, porque, si solo se aprende lo fácil, el interés desaparece.

No se puede caer en la trampa del hedonismo, aplicando la «ley del mínimo esfuerzo»: «aprendo lo que me gusta y dejo de lado lo que me disgusta». Sin esfuerzo, bien lo sabemos, no puede haber aprendizaje.

4. *Lagunas importantes en contenidos básicos.* Exigir el dominio de ciertos contenidos sin haber asumido antes otros que les sirven necesariamente de base conduce a la distracción y es la primera causa del fracaso escolar.

5. *Problemas a nivel individual, familiar y social* que preocupen al individuo hacen que disminuya o desaparezca su interés y su concentración, porque el estudiante permanece distraído y absorto en los pensamientos que le abruman.

6. *Agotamiento físico.* Se produce por convalecencia, alimentación deficiente, enfermedad accidental, deficiencia vitamínica...

7. *Voluntad débil.* A causa de la permisividad y la blandura de los padres, el niño se hace un irresponsable frente a sus tareas, se desanima ante el más mínimo obstáculo y rehúye el esfuerzo. Un estudiante así siempre está distraído, porque la atención y el estudio exigen voluntad decidida y un serio esfuerzo diario.

8. *Ambiente demasiado cómodo* que en nada contribuye a la concentración mental porque proporciona distintos focos de interés ajenos al estudio y porque inclina a la distracción: televisor, equipo musical, vídeo, consola, internet, móvil...

9. *Falta de práctica y desconocimiento de las técnicas de trabajo intelectual.* La falta de orden y de método, además de dispersar la atención, provoca el cansancio y el desinterés.

10. *Cansancio intelectual* a causa de la excesiva dedicación y esfuerzo, tras muchas horas sin descansar lo suficiente, que conduce a la fatiga, la tensión, el picor de ojos y a ideas depresivas que impiden la concentración y la eficacia.

Causas objetivas

1. *Temas presentados por el profesor de forma farragosa y monótona.* Hacer fácil lo difícil, claro lo oscuro, interesante lo que es monótono... es un esfuerzo que ha de hacer el profesor, si quiere que la atención y el aprovechamiento de sus alumnos no descienda.

2. La *sobresaturación de tareas,* no solo por su cantidad, sino también por su grado de dificultad, provoca en el estudiante un sentimiento de desbordamiento y de impotencia; así, ante la imposibilidad de una salida airosa, opta por el abandono.

3. *Incapacidad didáctica,* que se traduce en falta de imaginación, variedad y originalidad en la presentación de los contenidos; falta de comprensión con los alumnos; incoherencias y despropósitos, como no calificar jamás con notable y sobresaliente; ridiculizar al alumno ante sus compañeros...

No basta con tener ciencia, hay que saber transmitirla. La enseñanza es un arte para el que se requiere no solo un título académico, sino unas dotes innatas de intuición, imaginación, capacidad de expresión y de persuasión...

4. *Ignorancia de los objetivos finales y de los pasos que hay que seguir.* Si el estudiante ignora por qué, para qué y cuándo ha de utilizar y practicar los contenidos que aprende, se muestra desorientado y desmotivado y, en tal situación, la distracción no tardará en aparecer.

5. *Mala distribución del tiempo.* Hay temas que precisan más tiempo y esfuerzo y deben estudiarse cuando nuestro nivel de atención y de concentración es máximo.

Si no hacemos una adecuada y racional distribución del tiempo provocaremos, directa o indirectamente, todo tipo de distracción.

6. *El entorno* del lugar de estudio (el mobiliario, la mesa, la silla, la iluminación, la temperatura, el silencio...) son factores que influyen, en buena medida, en la posibilidad de lograr una gran concentración o de propiciar la distracción.

Los remedios de la distracción

La persona distraída debe profundizar y reflexionar sobre las razones de sus distracciones, procurando detallar cómo y cuándo es afectado por cada una de las causas que acabamos de enumerar.

En la ausencia de atención sistemática podemos hallarnos ante una falta de esfuerzo o ante una falta de motivos; tropezar con irregularidades en el sistema nervioso central o en los sentidos. Y cabe también la posibilidad de que nos encontremos con alteraciones de la personalidad, especialmente de orden emotivo, todo lo cual es de gran importancia ante los casos (no frecuentes) de falta de atención sistemática en niños o adultos inestables.

Para superar las deficiencias en el campo de la atención y crear los correspondientes hábitos positivos, ofrecemos en el siguiente capítulo los ejercicios correspondientes.

RESUMEN

- La distracción suele producirse por la ausencia, disminución o pérdida de interés, y sus causas pueden ser subjetivas y objetivas.
- Las causas subjetivas pueden deberse a la falta de vivencias, de actividad mental y del léxico necesarios para el desarrollo, al hecho de exigir tareas o niveles de contenidos para los que el sujeto aún no se halla capacitado, a falta de estimulación e interés ante tareas demasiado fáciles, a la acumulación de lagunas importantes en contenidos básicos, a problemas a nivel individual, familiar y social, al agotamiento físico, a una voluntad débil, a un desarrollo en un ambiente demasiado cómodo, a la falta de práctica y desconocimiento de las técnicas de trabajo intelectual y al cansancio intelectual.
- Las causas objetivas suelen deberse a los temas presentados por el profesor de forma farragosa o monótona, a la sobresaturación de tareas, a la incapacidad didáctica, a la ignorancia de los objetivos finales y de los pasos que se deben seguir, a una mala distribución del tiempo y al entorno del lugar de estudio.
- Para poder poner remedio a estos factores es necesario que la persona distraída profundice y reflexione sobre las razones de su distracción, que pueden deberse a una falta de esfuerzo o de motivación, a defectos del sistema nervioso central o a alteraciones de la personalidad.

| capítulo quince | Cómo lograr una mayor atención y concentración |

La concentración es la propiedad más conocida de la atención y consiste en estar inmerso física y mentalmente en un tema, idea u objeto con exclusión de todo lo demás.

Toda atención implica una cierta forma de distracción, es lo que damos a entender con la expresión «sabio distraído», que denota el grado de concentración con que el hombre habituado a la reflexión se sumerge en el objeto de sus investigaciones, sin enterarse de lo que pasa a su alrededor.

La *concentración* es, pues, la capacidad de una persona de mantener fija su atención en un objeto en profundidad y durante largo tiempo.

Se puede decir que la concentración es una atención que implica a la vez *una espera y una tensión en el individuo*.

La concentración como atención dinámica

La concentración no es fruto de una mente pasiva, sino de una mente abierta al conocimiento. Prestar atención a un objeto significa *esperar algo* de él. Sin embargo, la concentración exige una espera, a saber, utilizar nuestros recuerdos, nuestros recursos mentales para recibir una nueva idea, un nuevo conocimiento.

Así, por ejemplo, el sabio solo está atento a los hechos de los que espera alguna revelación. Los hechos contrarios a las teorías admitidas, los «hechos polémicos», serán advertidos inmediatamente.

Lavoisier, al observar que el residuo calcinado de un pedazo de plomo pesaba más que el mismo pedazo de plomo antes de su combustión, prestó atención a este hecho, que contradecía la teoría en vigor de su época.

Lo mismo sucedió a Le Verrier, quien concentró su atención en los movimientos del planeta Urano, precisamente porque sus movimientos no se explicaban bien dentro del marco de las leyes de Newton.

En este sentido, se suele afirmar con toda razón: «Solo es curioso el hombre instruido».

Pero la concentración significa también «tensión» de la mente. El sabio no *espera* pacientemente que el objeto le revele su secreto, sino que él mismo lo adivina, hace hablar a la naturaleza. Este es el sentido de los experimentos: no esperar a que la naturaleza hable, sino hacer hablar a la naturaleza.

Un esquiador que desciende a más de cien kilómetros por hora no se puede decir que preste atención a lo que hace, si entendemos *atención* como recelo y precaución. Pero en su caso, la atención y la concentración vienen a significar una tensión dirigida hacia la meta y la victoria.

Es evidente que el estudiante apático, con escaso nivel de esfuerzo, dominado por el aburrimiento y acostumbrado a aplazar las cosas para el último día, es incapaz de lograr concentración en el estudio, porque le falta esa tensión interna, esa esperanza activa, que es lo fundamental de la concentración.

Consejos y orientaciones

— *Estar intensamente presente en aquello que se está haciendo.* Los latinos lo expresaban con esta máxima: «Age quod agis» («Haz lo que estás haciendo»).

— *Estudiar en pequeñas dosis*, concediendo a cada tema, problema o contenido el tiempo correspondiente para su asimilación (siempre con un margen, por si surgen imprevistos). Los minutos asignados a ese contenido son solo para él. El estudiante se introduce en cuerpo y alma en su trabajo con el firme propósito de que nada ni nadie pueda entorpecérselo. Su interés, voluntad, atención y concentración están puestos en ese único objetivo.

— *Descansar lo necesario*, una vez conseguido el objetivo propuesto a la tarea anterior. Solo así se podrá acometer otra tarea distinta y concentrarse plenamente en ella con el mismo y tenaz propósito.

— *No forzar jamás la máquina mental.* Transcurridas dos horas de estudio, hay que descansar brevemente para relajarse de la concentración mantenida hasta ese momento.

El momento de descanso lo marca el propio organismo, y los síntomas de cansancio pueden ser el picor de ojos, el entumecimiento de los miembros, cierto sopor… y, sobre todo, la fatiga mental. Cuando aparezcan estas señales, deja de estudiar.

— *Tomar apuntes.* Este es el mejor ejercicio para mantener viva la atención y la concentración en clases o conferencias.

El alumno que durante las explicaciones del profesor o la exposición de un conferenciante sabe recoger por escrito las ideas principales, las observaciones, las razones y los detalles, y sintetiza el conjunto global de lo que oye, no cabe duda de que resuelve de una manera muy práctica el problema de la atención-concentración.

— *Cambiar de materia de estudio* ayuda a prolongar por más tiempo la concentración. Si se dedica una hora a una materia determinada haciendo dos descansos de cinco minutos, se podrán destinar otras dos horas a materias distintas con descansos un poco más prolongados (de unos diez minutos), sin que descienda realmente el nivel de concentración.

Ejercicios para aumentar el nivel de atención-concentración

Tachado de letras

Sirviéndote de media página escrita de cualquier periódico, tacha a la mayor velocidad posible una determinada letra, por ejemplo la *e*. Cuando tengas cierta práctica, tacha dos o tres letras distintas (*c, a, p*) sin perder de tu mente concentrada la imagen de estas.

Tachadura de signos

Tacha a la mayor velocidad los cuadros iguales a los del recuadro del modelo que se presenta a continuación, denominado test de Toulouse.

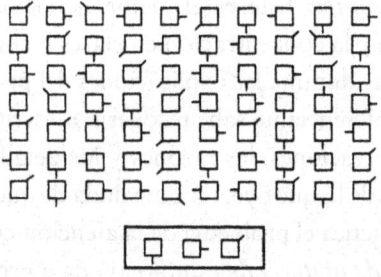

Tachar los cuadrados iguales a los del recuadro

Valoración

— Nivel superior de atención: si los errores no sobrepasan el 10 por ciento.

— Nivel bajo de atención: si el número de errores más omisiones es superior al 50 por ciento de los signos tachables.

— Falta muy profunda de atención: si las omisiones exceden el 20 por ciento de los cuadros tachables.

Contar en sentido decreciente

Con bastante rapidez, cuenta en sentido decreciente a partir de cien, de dos en dos o de tres en tres. Ejemplo: 100-97-94-91-88-85-82-79-76-73-70...

Signos y números

1. Pon en la casilla en blanco que hay debajo de cada signo el número que le corresponde en un tiempo aproximado de tres minutos.

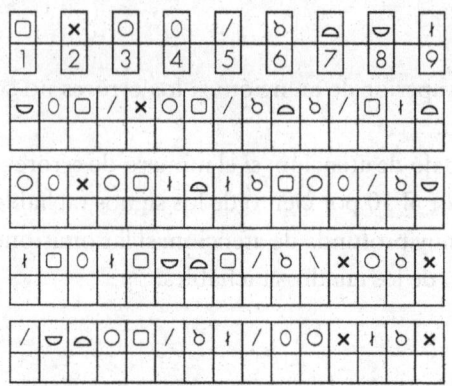

2. Con la mayor celeridad posible coloca en cada cuadro una de las figuras respetando siempre el orden en que están.

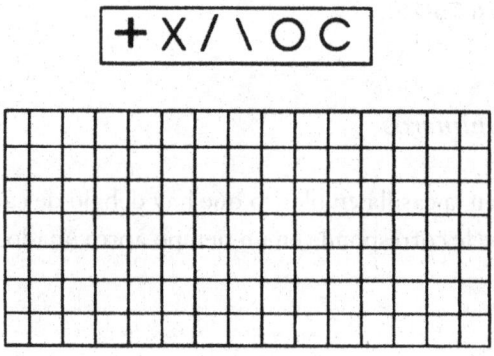

3. Solo con la vista, y en el menor tiempo posible, busca la sucesión del alfabeto «de la A a la Z» y en sentido contrario, «de la Z a la A». Anota el tiempo invertido.

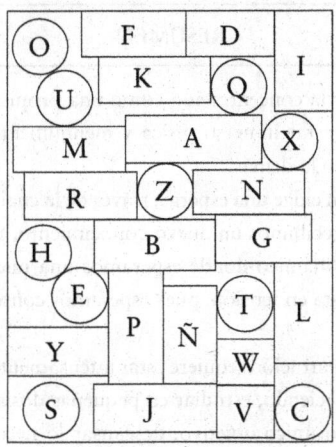

4. Forma la figura de la izquierda con una o varias piezas de la derecha.

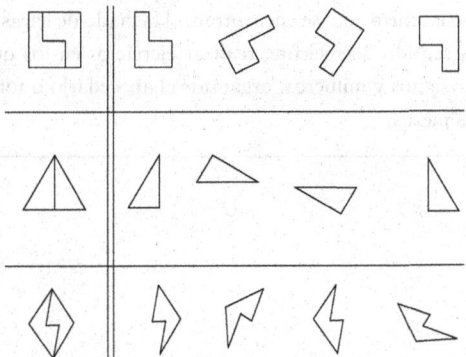

RESUMEN

- Podemos definir la concentración como una propiedad de la atención que consiste en estar inmerso, física y mentalmente, en un tema con exclusión de todo lo demás.
- La concentración exige una espera a través de la cual, y utilizando nuestros recuerdos, recibimos un nuevo conocimiento. Se trata, por tanto, de un proceso dinámico donde esperamos una nueva idea y a la vez nuestra mente está en tensión, pues esperamos conseguir una meta, un objetivo.
- Una buena concentración requiere estar intensamente presente en aquello que se está haciendo, estudiar en pequeñas dosis que nos permitan centrarnos en un único objetivo, descansar lo necesario una vez que hemos conseguido el objetivo y no forzar jamás la máquina mental. Tomar apuntes durante la clase o conferencias nos ayuda a mantener la atención y la concentración. Para prolongar el tiempo de concentración es conveniente cambiar de materia de estudio.
- Entre los ejercicios que podemos realizar para aumentar el nivel de atención-concentración, se encuentran: el tachado de letras o de signos, contar en sentido decreciente, realizar ejercicios en los que debamos relacionar signos y números, organizar el abecedario o formar figuras con varias piezas.

| capítulo dieciséis | La memoria y su potenciación |

Las investigaciones más recientes tienden a considerar la memoria no ya como un almacén de recuerdos, ni como un receptor estático, sino como una función cognoscitiva que utiliza y organiza activamente las informaciones recibidas en el cerebro.

Memoria y percepción son dos procesos inseparables. A la percepción le corresponde la tarea de *identificar* y reconocer la información sensorial. Para ello es imprescindible utilizar la información retenida en la memoria con el fin de estructurarla, comparándola y relacionándola de algún modo con la nueva que se recibe. No hay, pues, percepción sin memoria.

Cuando la información vuelve a la memoria para su almacenamiento, ya ha sufrido un proceso perceptivo; por tanto, debe ser *procesada* y *codificada* antes de pasar a la memoria.

Según Neisser, «el proceso de información detecta y selecciona (*atención*), reconoce y elabora (*percepción*), almacena y recupera (*memoria* y *aprendizaje*) y utiliza (*conducta*) los elementos de la experiencia».

Importancia de la memoria

Con frecuencia se ha despreciado la memoria, la «Cenicienta de la familia psicológica», que ha sido considerada incluso como un estorbo de la inteligencia, afirmando además que la memoria es el elemento básico de la inteligencia de los que carecen de esta.

Lo cierto es que no existe inteligencia si falta la memoria.

Los ataques de que ha sido objeto la memoria se deben a que, con frecuencia, se ha identificado esta con un aspecto parcial de la misma: la *memoria mecánica*, que retiene mecánicamente la información al pie de la letra, sin entenderla, sin descubrir la relación entre los distintos elementos, ni su significado profundo. Ya hemos indicado que toda información ha de ser procesada, codificada y, por tanto, entendida antes de pasar a la memoria.

La memoria es la reproducción de datos o experiencias vividas con anterioridad, y en este sentido puede aparecer como simple capacidad para reproducir mecánicamente el pasado (palabras, fechas, números de teléfono, personas, situaciones especiales, conversaciones...). Sin embargo, lo más importante de la memoria es que reconstruye el pasado de manera verdaderamente activa y dinámica. No es, por tanto, una función pasiva ni se opone a la creatividad, sino que la favorece, porque al evocar el pasado, se da una *recreación inteligente*, esto es, *la memoria significativa*.

Tipos de memoria

El modelo de memoria más conocido es, sin duda, el de Atkinson y Shiffrin (1968), el llamado *modelo estructuralista*, que identifica tres tipos de memoria: almacenamiento de información sensorial, memoria a corto plazo y memoria a largo plazo, proceso que explicamos a continuación.

Almacenamiento de información sensorial

El almacenamiento de información sensorial (AIS) es la memoria de los sentidos en cualquiera de sus variantes: auditiva, táctil, visual, gustativa, olfativa... y presenta las siguientes funciones:

— Registra textualmente la información, tal cual, sin ningún tipo de transformación del estímulo.
— Da tiempo a que se operen sobre el estímulo otros mecanismos que extraigan la información pertinente y la elaboren.
— Almacena sensorialmente la información en un tiempo óptimo de menos de un segundo.
— Dura más la percepción del estímulo que el propio estímulo.

Memoria a corto plazo

La memoria a corto plazo (MCL) es la manifestada de inmediato, o sea, la amplitud psíquica del presente. Comprende las impresiones que se pueden abarcar con un único acto de atención y su duración es muy breve, con el límite superior alrededor de unos diez segundos.

Se pueden retener entre cinco y nueve unidades con un solo golpe de atención, según se trate de números, palabras o frases, y el tiempo de retención oscila entre un segundo y un minuto. Este tipo de memoria es consciente y voluntaria y como proceso atencional, depende de la repetición.

Cuando tomamos de oído la dirección de una persona o su número de teléfono, podemos retenerlos durante unos segundos en la memoria; pero, como la capacidad de retención es tan limitada, para recordar después esos datos, debemos hacer un acto consciente y repetir varias veces la información hasta que pase a formar parte de la memoria a largo plazo, cuyas funciones son retener el material.

Memoria a largo plazo

La memoria a largo plazo (MLP) es remota y corresponde con lo que generalmente se entiende como memoria. La precede un período de consolidación, y la maduración de los recuerdos tendría lugar durante los primeros quince minutos. Una hora es, por lo general, suficiente para la consolidación casi completa de las trazas mnemónicas (huellas de la memoria).

La duración de la memoria a largo plazo abarca desde el fin del proceso de consolidación hasta el olvido; prácticamente es ilimitada.

Desde el punto de vista del contenido, E. Tulving distingue dos tipos de memoria a largo plazo:

1. La *memoria episódica*. Es la forma en que el individuo logra almacenar y recuperar una información ya conocida, pero relacionada en un contexto espacio-temporal determinado vivido por él mismo.

Cuando aprendemos una serie de palabras y olvidamos alguna, no lo hacemos porque desconozcamos ese término concreto, sino porque hemos olvidado su contexto (el lugar en que estaba integrada).

2. La *memoria semántica*. Se refiere al significado de las palabras.

Factores de la memoria

Factores subjetivos

Los factores subjetivos son dependientes de las disposiciones internas del individuo, y tienen las siguientes características:

1. Se fijan más fácilmente aquellas impresiones que se entienden mejor, lo que es más significativo para el individuo.

2. Los recuerdos no se fijan indistintamente, sino que lo hacen en torno a núcleos de interés, motivos, ideales... Las impresiones que no tienen un núcleo de atracción se pierden con facilidad.

3. También facilita la memoria la *cantidad de atención prestada*.

4. La *estrategia empleada por el individuo*. E. Tulving (1962) presentaba una lista de palabras sin ninguna relación entre sí. A la hora de memorizarlas, cada individuo imponía un orden determinado a las palabras. Este orden personal se mantuvo constante a lo largo de diferentes pruebas. Tulving lo llamó «organización subjetiva».

5. La *intención de aprender*. Postman y Phillips (1954) repartieron a dos individuos un mismo material. Uno debía aprenderlo, y el otro leérselo y controlar el aprendizaje del compañero. Pues bien, al final, los que estaban «dispuestos» a aprender retuvieron más y mejor, aunque el ejercicio realizado había sido el mismo para los dos.

6. El *interés en retener datos*. Bluma Zeigarnik realizó la siguiente experiencia: se ofrece a dos grupos de muchachos una serie de problemas que deben resolver. A un grupo se le deja que acabe la tarea, mientras que al otro, con distintos pretextos, se le impide que la terminen.

El grupo que no había podido acabar retuvo significativamente más datos que el que había concluido la tarea, y esto se debía a que tenían interés en retenerlos para la solución de los problemas. La tarea quedaba «abierta» esperando ser resuelta; esto es lo que se denomina «efecto Zeigarnik».

7. La *actitud ante el material que se ha de memorizar*. J. Levine y G. Murphy (1943) ofrecieron a unos individuos procomunistas y a otros anticomunistas un material de contenido político de forma aleatoria, de tal modo que no siempre coincidiera con sus ideologías.

Se demostró que los comunistas memorizaban mejor aquello relacionado con sus ideas políticas y lo mismo sucedió con los demás.

Factores objetivos

Los factores objetivos son dependientes del contenido que se ha de memorizar y se distinguen por ciertas características:

1. *Capacidad de significación del material.* Se aprende bien un material que se presenta bien organizado, con claridad y haciendo referencia al cuadro cognoscitivo del individuo.
2. *Tiempo del que se dispone.* La premura de tiempo interfiere negativamente en el proceso de la memoria.
3. *Tipo de tarea.* «Lo que fácilmente se aprende fácilmente se olvida.» Lo que nos ha costado más aprender más difícilmente lo olvidamos. En una palabra, cuantos más sentidos se hallen interesados en el aprendizaje, más fácilmente se aprende.
4. *Los objetos que más resaltan.* En una lista aprendemos mejor los elementos que figuran al principio y al final.

¿Por qué olvidamos?

Hay distintas interpretaciones sobre las causas de nuestro olvido, ante las que se señalan como las más importantes la interferencia y el deterioro.

1. *Olvido por interferencia* de lo aprendido con nuevos aprendizajes, porque las huellas de las nuevas experiencias borran las de las antiguas o viceversa. Hay dos tipos de interferencia:

— *Interferencia «retroactiva»*. Provoca que lo aprendido recientemente afecte a lo que ya existe de otros aprendizajes.
— *Interferencia «proactiva»*. Es la que impide y dificulta aprendizajes.

Para explicar la interferencia de las nuevas experiencias en nuestra memoria es interesante la investigación de Van Ormer (1932). Dos grupos de muchachos aprendieron un mismo material, y tras la memorización del mismo por un grupo se fueron a dormir (durmieron ocho horas). El otro grupo continuó realizando sus tareas ordinarias. Pasadas las ocho horas, el grupo que las había pasado durmiendo recordaba significativamente mucho más que el otro grupo.

2. *Olvido por deterioro*. Brown y Peterson (1958-1959) entienden que el paso del tiempo deteriora las huellas de la memoria, si no se repite la información.

3. *La interpretación psicoanalítica* nos dice que olvidamos por represión todo aquello que nos resulta desagradable. Así, por ejemplo, un alumno se olvidará del trabajo que tiene que llevar a clase al día siguiente, pero no del partido de fútbol que retransmiten por televisión.

4. *Olvido por deficiencias de aprendizaje*. Lo que se aprende mal difícilmente se puede recordar bien.

Cómo desarrollar la memoria

Sintetizamos en las siguientes normas las orientaciones para favorecer la fijación y el recuerdo de lo estudiado:

1. *Mejorar la percepción de la atención y concentración*. Las faltas atribuidas a la memoria son casi siempre debidas a una percepción defectuosa y a la falta de atención y concentración.

2. *Ejercitarse en la observación sistemática o dirigida.* La observación cuidadosa es el mejor medio para captar con claridad los aspectos más importantes y para diferenciarlos de aquellos otros que solo son secundarios. Observar es fundamental para matizar y precisar nuestros conocimientos.

3. *Poner en práctica el método de clasificación.* Se retienen mejor los elementos de un conjunto si procedemos a su clasificación. Clasificar significa destacar semejanzas y diferencias.

Ejemplo: observa estos objetos distribuidos de manera anárquica, sin orden ni afinidad de ningún tipo en el *cuadro A*, y contémplalos perfectamente agrupados en conjuntos en el *cuadro B*.

Cuadro A	Cuadro B	
Distribución anárquica	Distribución ordenada	
playa alicates bañador	bañador	libro
auriculares vídeo tintero	playa	cuaderno
verano auriculares	verano	bolígrafo
bolígrafo libro tenazas	aleta	pluma
micrófono serrucho	televisor	destornillador
televisor destornillador	vídeo	tenazas
aleta magnetófono	magnetófono	alicates
alicates martillo pluma	auriculares	martillo

Recuerda que el método de clasificación es muy útil para fijar contenidos en cualquier materia.

4. *Captar el significado de las ideas básicas de un tema.* Cuanto más ricas sean las relaciones que se establezcan entre los conceptos generales y sus principios básicos, mayor será la memoria lógica. Nuestra mente es asociativa y captamos más por estructuras que por elementos.

Siempre que sea posible, conviene utilizar asociaciones lógicas o intrínsecas, y si no es así, habrá que recurrir a las arbitrarias, de carácter extrínseco, mediante historias inventadas...

5. *Pensar con imágenes.* Es bueno convertir en imágenes lo que se desea recordar, pues es ver con los ojos de la mente. En realidad, la imaginación y el pensamiento están estrechamente unidos, ya que el conocimiento intelectual no es sino la representación mental de un objeto.

Formar la imagen mental de objetos concretos es bastante fácil, pero cuando se trata de nombres abstractos, hemos de recurrir al simbolismo para fijarlos mejor. La esclavitud se simboliza con unas cadenas, la paz con una paloma, la amistad con dos manos enlazadas... Tres principios nos pueden ayudar a materializar las ideas:

— *La exageración* o *caricatura*, por la que al destacar excesivamente determinados rasgos cobra más fuerza la imagen mental y se graba mejor.

— *Lo insólito y novedoso*, que capta rápidamente la atención al apartarse de lo habitual. Por ejemplo, imaginarse a una persona desharrapada en una cena de gala o en bañador en pleno mes de enero.

— *Movimiento y acción.* Es el caso de la imagen en movimiento de una película sobre la fija de una diapositiva.

6. *Activar la mente mediante preguntas sobre los contenidos para mejorar la asimilación y la fijación.* Los latinos decían: «Repetita juvant» («Repetir ayuda a retener»).

Lo que importa es repetir las ideas, vigorizar la asociación entre ellas y fomentar la cohesión, evitando la simple repetición mecánica.

Para concluir, podemos recordar lo que decía Platón: «Saber es recordar», y Cicerón añadía: «Tanto sabemos cuanto somos capaces de retener en la memoria».

La moderna psicología vuelve a insistir en estos conceptos al considerar que solo puede darse por sabido o aprendido lo que seamos capaces de recordar y expresar debidamente.

Ejercicios para desarrollar la memoria

Técnica de la historieta

Consiste en construir una historia con los elementos que han de memorizarse, para lo cual es fundamental unir la imagen con la acción y la emoción.

Construye una «historieta» con las siguientes palabras: río, montaña, Casillas, cometa, sed, mundo, viento, comida, sueño, demostración, novela, alumno.

Técnica de los lugares

Consiste en asociar cada uno de los elementos que se desean memorizar con los lugares de un recorrido que nos resulta familiar (por ejemplo, el recorrido que hacemos todos los días desde casa al trabajo).

Memoriza los siguientes artículos antes de ir a la compra, asociándolos con sus lugares: aceite, pan de molde, aceitunas, leche, una botella de coñac, detergente para la lavadora, grapas, unos zapatos, papel higiénico, el periódico, la chaqueta de la tintorería.

Contemplación con fijeza y detalle

Observa un paisaje, un dibujo, una habitación, una persona, y después intenta recordar hasta el más pequeño detalle de ella.

Exprésalo por escrito y comprueba después todo lo que has omitido. Repite una segunda vez la operación y ahora no te dejes el más mínimo detalle.

Oración creativa

Consiste en concentrar, por medio de una palabra o agrupación de ellas, un significado o contenido de un tema.

Aratotapuental. Me da la pista del recorrido del río Tajo: Aranjuez, Toledo, Talavera de la Reina, Puente del Arzobispo, Alcántara.

O también la palabreja *Giamrineslifuceildos-secasperros*; me recuerda las novelas ejemplares de Cervantes: *Gitanilla, Amante liberal, Rinconete* y *Cortadillo, Española inglesa, Licenciado Vidriera, Fuerza de la sangre, Celoso extremeño, Ilustre fregona, Dos doncellas, Señora Cornelia, Casamiento engañoso, Coloquio de los perros*.

Subraya las palabras que no sean adjetivos, preposiciones y verbos:

sentía	barato	éramos
portero	Madrid	este
cuando	aquello	terraza
unas	pero	cálido
sonreía	estupendo	soltero
calor	por	marinero
mucho	bueno	vosotros
desde	mesa	porque
ella	libro	ya
hasta	sobre	
bien		

Correspondencia

Durante un minuto asocia los números del 0 al 9 con su signo correspondiente (véase línea A). Después, intenta colocar sobre cada número de las restantes hileras el signo que le corresponda, pero sin mirar al modelo (hilera A).

A)	0	1	2	3	4	5	6	7	8	9
	•	x	( )	+	[	]	[ ]	□	∪	∩
B)	2	4	3	5	8	7	6	4	1	3
C)	3	9	6	8	7	6	2	1	0	4
D)	0	1	2	3	4	3	9	1	5	2
E)	7	3	9	6	8	7	0	9	2	3
	1	4	5	6	7	3	9	9	8	2

RESUMEN

- Memoria y percepción son dos procesos inseparables. La percepción identifica y reconoce la información sensorial, la procesa y codifica para su almacenamiento en la memoria, que es la reproducción de datos y experiencias de una manera activa y dinámica produciendo una recreación inteligente.

- El *modelo estructuralista* propuesto por Atkinson y Shiffrin distingue tres tipos de memoria: el almacenamiento de información sensorial (AIS), de brevísima duración; la memoria a corto plazo (MCP), que retiene la información de forma inmediata y durante un breve período de tiempo, y la memoria a largo plazo (MLP), con una capacidad ilimitada. Tulving divide a la memoria a largo plazo en memoria episódica y memoria semántica.

- Los factores subjetivos de la memoria son disposiciones internas mediante las cuales nos fijamos más en unas cosas que en otras; fijamos los recuerdos en torno a intereses, motivos…; ponemos más o menos atención; empleamos distintas estrategias; nos interesamos por aprender o retener los datos, y mostramos actitudes distintas dependiendo del tipo de material. Los factores objetivos dependen del contenido que se debe memorizar, de su significatividad, del tiempo del que se dispone, del tipo de tarea y de la disposición de los elementos.

- Las causas más importantes del olvido son la interferencia y el deterioro. Entendemos por interferencia el olvido que se produce por el aprendizaje de nuevos conocimientos; se divide en interferencia retroactiva y proactiva. El olvido por deterioro se produce por el paso del tiempo. Según la interpretación psicoanalítica nos olvidamos por represión de lo que nos resulta desagradable. También se puede producir olvido por deficiencias en el aprendizaje.

- Para desarrollar la memoria debemos mejorar la percepción de la atención y concentración, ejercitarnos en la observación sistemática o dirigida, poner en práctica el método de clasificación, captar el significado de las ideas básicas de un tema, pensar en imágenes mediante principios de exageración, novedad y acción, y activar la mente mediante preguntas sobre los contenidos. Podemos emplear distintas técnicas como la de la historieta, la de los lugares, contemplar con fijeza, correspondencia…

capítulo diecisiete | Los distintos estudiantes

El estudiante de primaria y secundaria

La enseñanza primaria y secundaria tiene como objetivo fundamental no solo la adquisición de unos conocimientos elementales, sino que el alumno adquiera el dominio de unas habilidades intelectuales que le capaciten para seguir aprendiendo por su cuenta. Los continuos avances en el campo del saber y de la ciencia exigen no solo estudiar más, sino mejor, de manera eficaz, ya que cada día el alumno tiene que aprender más cosas y con mayor profundidad. Ya no se trata simplemente de almacenar muchos conocimientos y obtener mucha información, sino de saber cómo y cuándo echar mano de esos conocimientos y utilizarlos convenientemente.

Las técnicas de estudio tienen como fin no solo el desarrollo de las capacidades y las destrezas del estudiante para un aprendizaje más eficaz, sino, sobre todo, fortalecer sus recursos, y han de ser dominadas y practicadas por todo estudiante, al menos durante la etapa secundaria (ESO). Son las siguientes: organización y planificación, importancia del método, velocidad y comprensión lectora, técnicas de análisis y síntesis (subrayado, esquema, diagramas, resumen...), atención, concentración, memoria y cómo desarrollarlas, tomar apuntes en clase, la sesión de estudio, realización y presentación de un tema escrito, repasar y recordar mejor las lecciones, preparación remota y próxima de los exámenes.

Evidentemente, solo es posible aprender a estudiar poniendo en práctica las técnicas de estudio cada día.

El estudiante de bachillerato

En esta etapa se ha de despertar y fomentar la iniciativa, la originalidad y la aptitud creadora. A tales efectos, se ha de adiestrar al estudiante en técnicas de trabajo intelectual, individual y colectivo. Es, por tanto, necesario e importante seguir practicando las técnicas instrumentales de aprendizaje ya mencionadas.

La investigación es un interesante estímulo para las actividades de estudio y uno de los objetivos básicos de los estudiantes que se encuentran en estos cursos.

El proceso de realización de una investigación consta de cuatro fases:

— Determinación del tema y objetivo.
— Recopilación de las informaciones.
— Selección y organización de las informaciones.
— Presentación de los resultados.

Lo que se aprende durante la actividad de búsqueda ofrece muchas ventajas: ante todo, obliga a precisar la curiosidad, a plantearse preguntas y a afrontar la lectura de modo más crítico, superando el estudio, a menudo pasivo y mecánico, de los libros de texto; por otra parte, ofrece una ocasión excelente para variar los tipos de fuentes, y por último, obliga a determinar criterios para reorganizar la información de modo personal, condición necesaria para un buen aprendizaje. En resumen, la búsqueda permite desarrollar todas las capacidades necesarias para un estudio autónomo.

El estudiante universitario

Estudiar en la universidad con eficacia significa desarrollar hábitos del mismo tipo: organizarse con antelación, pensar en qué, cómo, dónde y cuándo estudiar o cómo hacer trabajos científicos o académicos. También significa disciplina y hábitos sistemáticos: utilizar los libros con oportunidad, tomar apuntes útiles, saber repasar a tiempo, autoevaluarse continuamente, superar unos exámenes, realizar prácticas, etc.

Tenéis que hacer muchas lecturas complementarias y obligatorias, porque así llegaréis a verlas no solo como una exigencia académica, sino como fuente de satisfacción y curiosidad para desarrollar la inventiva y la potencia intelectual. Con toda probabilidad, las mejores lecturas que hacen del estudio algo más motivador son los periódicos y las revistas especializadas. Y, en cualquier caso, leer sobre los autores clásicos de vuestra especialidad o carrera en cualquier manual o libro de texto nunca puede sustituir a leer directamente sus obras.

Además, os conviene —y por eso los nuevos planes de Bolonia así lo contemplan— estudiar y trabajar en grupo. Entre otras cosas, porque proporciona una buena ocasión para ejercitaros en la expresión oral, las preguntas, las disputas y la crítica.

En definitiva, los tres pilares en los que se han de asentar unos prácticos hábitos de estudio universitario son:

— El desarrollo de la capacidad lectora y del pensamiento crítico.
— La búsqueda de buenas fuentes de documentación.
— El orden metodológico de estudiar y de hacer trabajos.

RESUMEN

- El estudiante de primaria y secundaria debe adquirir el dominio de unas habilidades intelectuales que le capaciten para seguir aprendiendo por su cuenta. Es importante que se conozcan y practiquen las técnicas de estudio necesarias insistiendo en la organización y planificación, en la importancia del método, en la velocidad y comprensión lectoras, en las técnicas de análisis y síntesis y desarrollando al máximo los procesos de atención, concentración y memoria. Se dará vital importancia a la adquisición de hábitos de estudio, a cómo tomar apuntes en clase, a la realización y presentación de un tema escrito y a cómo preparar las lecciones y los exámenes.
- El estudiante de bachillerato debe seguir practicando las técnicas instrumentales de aprendizaje que ha adquirido en las etapas anteriores. Se debe motivar al alumno a la investigación como proceso de recopilación y selección de información, que obligará al estudiante a participar de forma activa en su formación, precisando su curiosidad, variando los tipos de fuentes y determinando criterios personales de reorganización de la información.
- El estudiante universitario debe ser capaz de desarrollar hábitos de eficacia y disciplina. Es recomendable hacer lecturas complementarias, no solo como exigencia académica, sino además como fuente de satisfacción y curiosidad personal, y también es conveniente estudiar y trabajar en grupo, lo que servirá de preparación al estudiante para la posterior carrera profesional. Los tres pilares para asentar unos prácticos hábitos de estudio universitario serían el desarrollo de la lectura y del pensamiento crítico, la búsqueda de fuentes de información y el orden metodológico.

SEGUNDA PARTE
ESTRATEGIAS PARA EL ÉXITO DEL ESTUDIANTE

| capítulo dieciocho | El estudio diferenciado o por materias |

Con cuanto llevamos dicho parece haber quedado claro que hay unas operaciones mentales que son comunes a todas las asignaturas, y que estas se materializan en la cuádruple capacidad de *comprender, asociar, relacionar* y *retener para recordar*.

— *Comprender* es profundizar en el contenido, analizándolo y asimilándolo hasta hacerlo propio.
— *Asociar* es relacionar el contenido teórico con la vida y la experiencia para poder referirlo en la práctica.
— *Relacionar* es conectar e integrar los nuevos conocimientos con los que ya se habían aprendido con anterioridad.
— *Retener para recordar* es fijar en la memoria lo aprendido, de manera que pueda ser evocado cuando sea necesario.

Pero además de estas capacidades que son comunes al estudio de cualquier materia, es conveniente desarrollar las específicas que requiere cada materia. Sería un tremendo error estudiar todas las asignaturas de la misma manera, porque unas exigen abstracción, método, claridad y rigor, y otras, memoria, imaginación, expresividad, síntesis, etc. En una palabra, el estudio es distinto en cada materia; veamos unos cuantos principios de este estudio diferenciado:

1. *Antes de estudiar una materia, conócela de cerca.* Para lograrlo, nada mejor que hacerte diversas preguntas sobre ella. Cuando sepas darle una respuesta adecuada, tu estudio será práctico, inteligente y eficaz.

Este tema concreto: ¿qué datos aporta? ¿Qué conocimientos previos exige? ¿Qué novedad experimental representa? ¿Cómo he de asociarlo con las experiencias que ya poseo sobre el mismo contenido? ¿Cómo puedo llevarlo a la práctica? ¿Qué nivel de conocimientos se me exige desde el punto de vista académico? ¿Qué importancia le concede el profesor a la asignatura? ¿Qué dificultad presenta para mí su estudio? ¿Cuánto tiempo y esfuerzo me supondrá? ¿Cuándo iniciaré su estudio y cuándo pienso terminarlo?

2. *Cada materia precisa una determinada capacidad mental, con preferencia sobre las demás. Descúbrela*: ¿es la lógica? ¿La imaginación? ¿La memoria? ¿La observación? ¿El análisis? ¿La síntesis? ¿La facilidad de expresión oral o escrita?

Cuando sepas cuál o cuáles son esas aptitudes mentales preferentes, comprueba en qué grado y medida las posees y si necesitas ejercitarlas. De ser así, ¿cuándo lo harás?

3. *Cualquier tema objeto de estudio se apoya en otros conocimientos que son básicos e imprescindibles. Averigua cuáles son y repásalos.*

4. *En cada asignatura y en cada tema existe un determinado ritmo de trabajo que varía según los individuos.* Hay temas que exigen gran concentración y profundidad durante períodos más largos de tiempo, mientras que otros solo necesitan espacios cortos para aprenderlos y relacionarlos lentamente con los conocimientos ya preexistentes. Cada estudiante es un caso aparte y ha de saber encontrar su propio ritmo de trabajo.

5. *Adaptación al curso y a las materias de estudio desde una perspectiva inteligente,* lo cual significa comenzar por «estudiar»

al profesor que imparte la asignatura y observar —entre otras muchas cosas— sus preferencias, sus exigencias y sus formas de explicar. Además, familiarízate con el libro de texto que vayas a utilizar desde el principio, leyendo sus índices y resúmenes de capítulos, explorándolo bien antes de estudiarlo y no te olvides de rodearte de compañeros tan estudiosos y responsables como tú o más. Pero vayamos ya, siquiera sea brevemente, a ese estudio diferenciado o por materias.

Las ciencias físico-químicas

Sabemos que las ciencias tienen gran abstracción en sus contenidos y precisan gran capacidad de generalización de conceptos. Para la comprensión y el estudio de las ciencias, hay que tener ciertas capacidades de análisis, lógica y además, poseer facilidad para establecer relaciones.

Sin duda, las aptitudes necesarias para razonar con lógica y precisión y establecer todo tipo de relaciones, interacciones y dependencias constituyen una condición sine qua non para el aprendizaje de las ciencias físico-químicas.

La mente debe ser muy clara, ordenada, precisa y lógica a la hora de interpretar o estudiar, paso a paso, un enunciado, una formulación o un proceso deductivo.

La *inducción y la deducción* son elementos muy importantes que el estudiante debe saber aplicar y utilizar al establecer las distintas relaciones en el estudio de alguna de estas materias.

El *proceso inductivo* permite «hacer camino» desde las observaciones y las experiencias de lo concreto, de lo particular, para comprender y entender perfectamente los principios y las leyes generales. En una palabra, es aquel método que nos permite acceder lógicamente al conocimiento de una ley, o enunciado científico, partiendo de todos los componentes, o sea, llegar de lo particular a lo general.

El *proceso deductivo* es inverso al anterior. Se aprenden y entienden primero las leyes y los conceptos universales y después se hacen comprensibles, dividiendo estos en sus partes integrantes. En definitiva, el proceso deductivo nos permite aprender desde lo general a lo particular.

La *experimentación* es el único medio de captar, aprender y entender en toda su profundidad los conceptos generales, las leyes y las distintas relaciones. Es absolutamente imprescindible en el estudio de las ciencias físico-químicas.

Las «ciencias exactas»: matemáticas

Llamamos a las matemáticas «ciencias exactas» porque su estudio y aprendizaje exigen *precisión, orden, rigor, claridad, método* y perfecta conexión con los contenidos anteriores en los que se apoya, desde los que parte y a los cuales hay que hacer referencia sin cesar. Luego, la primera gran ley psicopedagógica para el estudio de las matemáticas sería: «Antes de explicar o de intentar aprender unos contenidos matemáticos, cerciórate de que dominas bien, sabes y comprendes los contenidos previos». Esto nos lleva a la conclusión de que en matemáticas, la *comprensión* lo es casi todo, pero a esta solo se accede por la vía de la *reflexión*, y esta trabaja sobre unos datos que hay que conocer en profundidad.

Sugerencias prácticas

1. «Vísteme despacio, que tengo prisa.» Las prisas son siempre malas consejeras en materia de matemáticas. Para que

todo quede perfectamente comprendido, tanto la enseñanza como el aprendizaje de esta materia han de ser lentos. Son los estudiantes quienes marcan el ritmo, no el profesor, y esos profesores que siguen de forma implacable un programa obran neciamente; explican cada día un tema y no se preocupan de averiguar si la gran mayoría de sus alumnos ha comprendido y asimilado las explicaciones y los conceptos más importantes del mismo.

2. Hay que volver a explicar, sin cansarse, hacer más ejercicios en la pizarra, idear nuevas formas expositivas y echar mano de otros recursos didácticos. Casi siempre, un gráfico, un dibujo, un diagrama o un esquema permiten hacer más comprensible al estudiante una explicación oral o escrita de un pensamiento abstracto al que solo acceden los más capacitados.

Lo *abstracto* se puede hacer más sencillo a cualquier estudiante mediante dibujos simples que estimulen la intuición, y esquemas y diagramas que permitan captar en síntesis toda una exposición oral, etc.

Las matemáticas, abstractas por naturaleza, constituyen una materia que debe ser interpretada para hacerla inteligible en términos concretos. Así pues, el lápiz y el papel siempre deben estar a mano para escribir fórmulas, «dibujar», hacer problemas, esquematizar teoremas o teorías...; en definitiva, hacer todo lo posible para que su estudio no quede precisamente en la abstracción y para que accedamos a su total comprensión.

3. «Ladrillo a ladrillo, eslabón a eslabón.» Un edificio o un muro se construye «ladrillo a ladrillo». La consistencia viene dada por el hecho de que no hay ladrillo ni piedra que no tenga una importancia decisiva para que toda la pared o el muro sea plenamente consistente. Lo mismo sucede en matemáticas, es decir, cada contenido es necesario para comprender y estudiar lo que

antecede y lo que sigue, igual que los eslabones de una cadena, por lo que la debilidad de uno de los eslabones puede significar la catástrofe. Por eso, no me cansaré de repetir a profesores y alumnos la necesidad de *comprobar constantemente* y *asegurarse* de que lo aprendido está bien asimilado junto a los conocimientos ya preexistentes.

4. *Verbaliza lo que estás estudiando*, es decir, ve diciéndote a ti mismo lo que haces, las operaciones que estás efectuando. Ejercítate de viva voz y con ejemplos con los que aclarar tus propias explicaciones.

Haz de profesor de otros compañeros que tengan dificultades en esta materia y, si logras que te entiendan, tendrás la señal más clara de que tú lo has aprendido a la perfección.

5. *Entrénate en manejar conceptos universales* o leyes si deseas moverte como pez en el agua en las matemáticas. En esta ciencia, apenas es posible dar un paso sin la abstracción y la generalización de conceptos. Como ya he dicho, la *reflexión* es la base del estudio en esta materia, en la que lo fundamental es pensar de manera ordenada, con lógica, punto por punto. En esta materia la memoria no es suficiente, como lo pueda ser en otras.

6. *Estudia siempre las matemáticas en tus mejores momentos de estado físico, intelectual y psíquico.* Nunca debes estudiar matemáticas con prisas, cansancio, después de comer o de la educación física, bajo la influencia de temores y preocupaciones, o dominado por la ira o deprimido porque requiere un estado especial de lucidez mental y descanso físico.

7. *Automatismos y operaciones de base.* Tienes que estar totalmente familiarizado con los signos y los símbolos convencionales de todo tipo, tablas, fórmulas matemáticas, procedimientos u operaciones de base que te servirán para ir avanzando en el aprendizaje de otros nuevos.

La resolución de problemas

a) *Lee con atención* la parte teórica en que se fundamenta el ejercicio o problema que pretendes resolver.

b) *Reflexiona sobre cada uno de los términos.* Aprecia en su justo valor cada dato en sí mismo y en relación con los demás.

c) *Vuelve de nuevo a los principios teóricos* y trata de establecer conexiones entre lo que se te pide en el problema y lo que te ofrecen los datos de que dispones.

d) *Plantea de manera ordenada los pasos que vas a seguir* para obtener los resultados que se te piden y comienza a efectuar las operaciones con claridad, orden, precisión y perfecta interacción y concatenación entre las operaciones que realices.

e) *Imagínate que el problema o el ejercicio se lo explicas a un compañero que ha suspendido matemáticas.* Explícate a ti mismo de forma clara y comprensible *cuánto* has hecho, *cómo* lo has hecho y *por qué* has efectuado cada operación.

f) *Escribe con toda claridad la solución*, tratando de hacer bien patente que es la consecuencia lógica de la adecuada interpretación de los datos que se daban en el planteamiento.

Las ciencias lingüísticas

El estudio de la lengua

Las aptitudes o capacidades para el estudio de esta materia son la reflexión, la lógica, el análisis, la abstracción y la capacidad asociativa.

El dominio del área lingüística exige esfuerzo, trabajo ordenado y continuado, y saber utilizar una mente lógica que haga posible el desarrollo creciente en los siguientes aspectos:

1. *Riqueza de un vocabulario* lo más amplio y completo posible. La expresión oral y escrita, más o menos perfeccionada, se fundamenta en el perfecto dominio del léxico.

2. *Conocer las formas ordenadas de expresión* que se han desarrollado a lo largo del tiempo en el estudio de la lengua. El aprendizaje teórico y práctico que hace posible la fluidez verbal y la armonía en la dicción y la expresión nos confiere la seguridad y la claridad necesarias para el ejercicio y la satisfacción de esa primera necesidad humana que es la comunicación.

3. *Ordenación y estructuración del pensamiento*, ya que, en esencia, la gramática es pura lógica y, por tanto, hablar de lenguaje en sentido gramatical es hacerlo sobre el pensamiento ordenado, consecuente y lógico. En el estudio de la lengua es condición sine qua non una actitud reflexiva que profundice en la normativa gramatical, ya que la aptitud mental para ordenar y estructurar los conceptos depende de dos cosas: a) de llegar a captar y dominar la correcta expresión oral y escrita con riqueza, armonía y variedad expresiva, y b) de pensar de forma ordenada y consecuente. No en vano se ha dicho que la prueba de inteligencia más objetiva y ajustada de un individuo es su propio lenguaje.

4. *El estudio de la lengua ha de ser eminentemente práctico, dinámico y flexible*, dada la gran variedad de costumbres de quienes construyen su propio idioma.

¿Cómo es el buen estudiante de las ciencias lingüísticas?

— Descubre que ninguna de las ramas lingüísticas presenta dificultades insalvables.

— Trata de encontrar tanto lo que es más común, como lo más específico de cada rama gramatical y lingüística, y acierta a descubrir la relación entre todas ellas.

— Sabe que el dominio que adquiera y la facilidad que tenga en cualquier rama de esta ciencia se generaliza a las demás, y los contenidos podrá hacerlos extensibles o complementarios de las mismas.

— No suele afectarle la torpeza expresiva, los hábitos ortográficos deficientes y el léxico demasiado reducido, ya que compensa cualquier deficiencia con hábitos prácticos provechosos tales como:

- El uso frecuente del diccionario y el interés en ir «al origen y al significado» de las palabras desconocidas para integrarlas en su vocabulario diario.
- La lectura abundante de cuanto cae en sus manos, pero especialmente de literatura selecta.
- El constante enriquecimiento cultural, y un esmerado cuidado en las expresiones orales y escritas.
- El ejercicio constante en el rigor, la elegancia y la soltura expresiva, desarrollando los hábitos más adecuados de comunicación con los demás.

Interacciones entre lengua y literatura

Es necesario que aprendas a relacionar la lengua con la literatura, pero adaptándote a tus conocimientos y posibilidades reales.

Es importante que tras la reflexión y el estudio sistemático aprendas a establecer relaciones e interacciones entre autores, obras, estilos, épocas, géneros y corrientes literarias o lingüísticas. La confección de esquemas y cuadros personales sobre estas cuestiones citadas te ayudará a aprender con más rapidez y eficacia. A continuación expongo un ejemplo:

CONCEPTISMO Y CULTERANISMO	
(Fondo, forma, Quevedo y Góngora)	
CONCEPTISMO	**CULTERANISMO**
Francisco de Quevedo y Villegas. Madrid, 1580 - Villanueva de los Infantes (Ciudad Real),1645	Luis de Góngora y Argote. Córdoba, 1561 - ibídem, 1627
— Exuberancia en el contenido. — Profundidad en la idea. — Doble sentido e ironía. — Poeta genial, burlón, satírico, festivo y profundo.	— Exuberancia en la forma. — Oscuridad estilística. — Metáforas. — Poemas bellos, sencillos. — Gran sonetista.

Recursos pedagógicos para mayor rendimiento en el estudio de la literatura

1. Son particularmente provechosos *los cuadros sinópticos, los esquemas, los diagramas y los resúmenes* realizados con claridad y limpieza, y además establecer relaciones lógicas entre diversos conceptos que faciliten la comprensión y la fijación de los contenidos estudiados, y han de estar hechos con unificación.

A continuación expongo los dos tipos de relaciones que podemos establecer:

— La *relación horizontal*. Nos permite establecer analogías, paralelismos y coordinaciones, sincronizando a los autores y sus obras, haciendo juicios críticos comparativos, aproximaciones de tendencias, etc.

— La *relación vertical*. Permite establecer relaciones de dependencia y subordinación como puede ser la influencia de un autor y su obra en otros autores y sus obras, la pertenencia a determinado movimiento literario, hechos relevantes que se suceden en una época concreta, etc.

Este sistema de cuadro sinóptico te permitirá asimilar mentalmente y con lógica todos los datos.

2. *La lectura de obras selectas, impulsado por la curiosidad y el deseo de conocer en vivo a cada autor.* La curiosidad, aunque es buena, no desarrolla realmente el amor por la literatura, ya que mueve a leer deprisa, buscando más averiguar en qué medida te atrae o cómo acaba la obra literaria. Lo que despierta verdadera afición por la literatura es ese verdadero deseo de conocer bien al autor y su obra, captando su estilo literario, sus ideas, sus expresiones más características, sus gustos...

3. *El ejercicio literario propio.* La creación es la esencia de la literatura. Conseguirás un buen nivel de dominio literario, cuando seas capaz de llevar a la práctica la expresión de tus ideas y sentimientos con propiedad y con fluidez por escrito.

Debes sentirte a ti mismo como parte activa y dinámica de la realidad literaria, y para ello puedes ayudarte de las siguientes actividades:

— Realizar entrevistas a escritores y literatos sobre alguna de sus obras más relevantes, confeccionando previamente un guión del cuestionario.

— Componer alguna poesía que exprese tus sentimientos sobre algún acontecimiento social o vivencia personal.

— Redactar alguna novela corta o cuento sencillo alentándote a armonizar la riqueza de expresión con la originalidad del argumento elegido.

— Atreverte a hacer de reportero e informador periodístico.

— Realizar ejercicios frecuentes de comentarios de texto cada vez más perfectos y detallados.

4. *Hacer trabajos de literatura en grupo.* Pueden ser muy prácticos, animados y provechosos, sobre todo si tus compañeros comparten las mismas aficiones literarias que tú. Los comentarios, las sugerencias, los datos, las observaciones, las relaciones y las comparaciones son de gran ayuda para un aprendizaje divertido y muy eficaz.

Consejos para aprender a «saborear» la literatura

— Procura estar atento a posibles estrenos de obras teatrales interesantes, recitales poéticos, conferencias, participaciones y experiencias literarias de todo tipo.
— Comparte aficiones literarias y enriquécete también con las aportaciones, las aficiones y los intereses de tu entorno cultural (pueblo, comunidad autónoma).
— No pierdas la ocasión de leer con avidez todo lo que caiga en tus manos para que las lecturas sean más variadas, ricas y estimulantes.
— Familiarízate con la lectura de autores locales y regionales y, a partir de ahí, con la literatura nacional y universal.

Las ciencias de la naturaleza

Al hablar de ciencias de la naturaleza me estoy refiriendo a todos los conocimientos referidos a los medios en que vivimos y cuyo origen se remonta al comienzo de la humanidad, aunque sea en los dos últimos siglos cuando han logrado más esplendor y desarrollo. Estas ciencias abarcan el estudio de las siguientes materias: geología, botánica, zoología, biología y astronomía entre muchas otras. A continuación estableceré una breve descripción de lo que cada una de ellas estudia.

— *Geología*. Es una ciencia que tiene por objeto el estudio interno y externo de la Tierra. Asimismo, comprende varias partes o ramas que se centran en la naturaleza de todos los fenómenos relacionados con la formación, el desarrollo y los cambios de dicho planeta desde su origen.

— *Astronomía*. Es la ciencia que tiene por objeto el estudio de los astros. Es bueno que te motives con el deseo por saciar tu curiosidad, por desvelar el misterio y la magia de esas inmensidades desconocidas y «volar» con tu mente hacia esos mundos.

— *Biología*. Es la ciencia que estudia los seres vivos, tanto en su forma (morfología), como su interior (fisiología). En consecuencia, su campo conecta y tiene afinidades con gran número de ciencias, desde la paleontología y la genética hasta la ecología, la etología y la bioquímica. Esto significa que también deberás introducirte en el estudio de estas ciencias afines con verdadera ilusión e interés, aunque no con la misma dedicación que la biología.

— *Botánica*. Lo más importante en esta materia no es el atractivo naturalista, sino su base científica, las estructuras lógicas en que se apoya son amplísimas.

En el estudio de la botánica se corre el riesgo de quedarse en la mera observación de la naturaleza y ha de ser el profesor el encargado de conducirte más allá de esa mera observación y darte las pautas necesarias.

— *Zoología*. Es el estudio de los animales, una de las partes más extensas de las ciencias naturales, debido fundamentalmente a la clasificación a partir de los dos grandes subreinos: unicelulares (protozoos) y pluricelulares (metazoos).

El estudio de la zoología se ha de realizar de forma parecida al de la botánica, pero es más atractivo para el estudiante porque presenta el aliciente de la vida sensible que está más próxima a la misma vida del estudiante y a sus experiencias y trato con el mundo animal. Los animales son como amigos, aunque haya personas que profesen a las plantas un amor semejante.

Las ciencias sociales, geografía e historia

El estudio de las ciencias sociales se apoya tanto en la aptitud de la memoria como en la de la reflexión, y con una adecuada proporción e interacción entre estas dos facultades se obtienen los mejores resultados.

Formas de aprendizaje memorístico en geografía e historia

Hay dos formas de aprendizaje memorístico en estas materias:

1. Dar mayor importancia a la *cantidad* de datos.
2. Dar importancia a lo *cualitativo*.

Si damos demasiada importancia a llenar nuestra mente de inmensas cantidades de datos, los esfuerzos de memorización y retención serán tremendos y habrá que repasar constantemente los contenidos memorizados para luchar contra el olvido. Desde luego, si tu profesor considera lo principal que almacenes cuantos más datos mejor, tendrás que ejercitar la memoria repetitiva, pero, en realidad, no aprenderás estas materias.

Es más aconsejable un aprendizaje en el que los esfuerzos se orienten sobre todo hacia lo cualitativo, lo cual implica:

— Esforzarte por relacionar y asociar de forma conveniente los hechos y los lugares, las personas con sus obras, los lugares con los personajes.

— No limitarte a emitir juicios generales y opiniones ambiguas, sino, apoyado en datos reales, elaborar con tu juicio personal otros que sean realistas y concretos.

— Centrar más la atención y el interés sobre hechos de la vida real, conocida y vivida por ti mismo, pues los hechos de hoy algún día serán historia.

Si deseas no quedarte en un estudio meramente repetitivo y realizar un estudio más intelectivo y práctico, te sugiero lo siguiente:

— Comienza por una lectura reposada y tranquila del tema histórico o geográfico, y después haz una buena síntesis del contenido y emite tu propio juicio en animada discusión con otros compañeros de estudio.

— A continuación establece relaciones con otras materias que tengan puntos de conexión con el estudio de los temas geográficos e históricos, ya sean del campo científico, artístico, filosófico, ético o social. Es decir, todo lo que aprendas vendrá referido a un lugar (geografía) y a una época histórica (historia).

Sabes que la mente aprende mediante *el análisis* y *la síntesis*, por lo que debes procurar armonizar estas dos habilidades. Cada hecho, cada dato, se ha de entender siempre en particular, en sí mismo, pero no será perfectamente asimilado y comprendido si no lo integras, lo engarzas de forma lógica con los hechos cronológicos y los lugares adecuados.

Tras el estudio detenido de cada tema, y después de estimar los juicios valorativos de profesores y autores, tú debes emitir tu propio juicio valorativo y llegar a tus propias conclusiones.

— Entre los instrumentos de trabajo con los que debes familiarizarte cuando estudies historia y geografía, merecen especial mención los mapas históricos y geográficos, las representaciones genealógicas, los cronogramas y planigramas, las fotografías de paisaje y de personajes, así como todos los medios audiovisuales, como filmes, anuncios, montajes fotográficos y diapositivas.

La lengua extranjera

El estudio de cualquier idioma, para ser verdaderamente eficaz, debe ser algo *vivo*, *práctico* y *cotidiano*; ha de impregnarse necesariamente de convivencia dialogante, de necesidad e interés espontáneo por comunicarse y de aprovecharse de inmediato del idioma objeto de estudio con el fin de enriquecernos personalmente y, a la vez, que nos sea útil para la comunicación con los demás.

El estudio de una lengua debe ir más allá de lo que es y significa una asignatura más. Tienes que aprenderlo sin pensar apenas en las calificaciones académicas, y utilizarlo como una nueva forma de enriquecimiento en todos los sentidos.

Intenta hablar, escuchar, escribir y pensar en ese idioma que estudias y lee todo lo que caiga en tus manos relacionado con el mismo, ya sean periódicos, revistas, cuentos o libros, no solo para adquirir conocimientos nuevos del idioma, sino también culturales.

— Crea necesidades de expresión y procura tener la necesidad de hablar, de hacerte entender, de emplearlo con la misma naturalidad con que aprende un niño la lengua materna. Esto significa que debes ir más allá del simple estudio de la gramática.

— Aprende el idioma asociando expresiones a situaciones reales e interesantes, de modo que sientas la necesidad de expresarte, de comunicarte con los demás.

— Puesto que un idioma es ante todo diálogo, la conversación debe ser la modalidad preferente de aprendizaje del mismo.

— Recuerda que debes avanzar poco a poco, y de lo más fácil a lo difícil; y para ello debes ser paciente, constante y saber esperar los buenos resultados.

Consejos prácticos

— Márcate tiempos fijos de estudio cada día, y acostúmbrate a conversar de forma sistemática durante un rato con alguien que domine bien este idioma.

— Utiliza siempre que puedas medios audiovisuales y de comunicación para adquirir práctica y desenvoltura.

— Convéncete de que «tienes que pagar un precio», y de que dominar un idioma supone sobre todo esfuerzo, continuidad, ilusión y constancia para progresar día a día.

— El idioma ha de ser familiar, sobre todo en los comienzos, e intenta que el material que utilices tenga historietas, relatos fáciles y ejercicios estimulantes.

RESUMEN

- Las operaciones comunes a todas las asignaturas se resumen en la capacidad de comprender, asociar, relacionar y retener para recordar. Es necesario desarrollar las capacidades específicas de cada materia conociéndola de cerca, descubriendo la capacidad mental necesaria, repasando los conocimientos básicos, manteniendo constante el ritmo de estudio de un determinado tema y adaptándonos a ellas.
- Las ciencias físico-químicas requieren abstracción y una gran capacidad para generalizar conceptos. Son indispensables, además, las aptitudes para razonar con lógica y precisión, estableciendo relaciones mediante la inducción, la deducción y la experimentación.
- Las «ciencias exactas» (matemáticas) exigen precisión, orden, rigor, claridad y método. El aprendizaje de esta materia es lento y es importante hacerla asequible, esforzándonos por hacer concreto e intuitivo lo abstracto y fijar bien las bases de nuestro conocimiento. El alumno debe entrenarse en manejar conceptos universales y estudiar matemáticas cuando se encuentre en las mejores condiciones.
- Las ciencias lingüísticas necesitan la reflexión, la lógica, el análisis, la abstracción y la capacidad asociativa, además de riqueza de vocabulario, conocer las formas ordenadas de expresión y la estructuración del pensamiento, considerando la lengua en su carácter práctico, dinámico y flexible. La literatura está íntimamente unida a la lengua.
- Las ciencias naturales engloban la geología, la astronomía, la biología, la botánica, la zoología...
- Las ciencias históricas y geográficas requieren para su estudio tanto la memoria como la reflexión, obteniéndose mejores resultados cuando estas interactúan adecuadamente; es necesario poner el énfasis en lo cualitativo, esforzándonos por analizar y sintetizar los conocimientos, a partir de los cuales podremos llegar a nuestras propias conclusiones.
- El estudio de lenguas extranjeras nos enriquece personalmente y nos sirve para comunicarnos con los demás. Debemos tener en cuenta que se trata de algo vivo, práctico y cotidiano.

capítulo diecinueve

La «metacognición» o conocimiento del propio conocimiento. El estudiante se hace cargo de sí mismo

Todas las estrategias para el éxito escolar tienen un punto en común: la metacognición o «conocimiento del propio conocimiento», es decir, la conciencia de lo que hago como estudiante, la autoobservación que ejerzo sobre mis propias acciones, que me permite formarme una idea clara de lo que me acerca al logro de los objetivos propuestos y de lo que me aparta o me impide lograrlos.

El conocimiento de la estrategia que utilizamos y los beneficios que nos reporta facilitará de manera significativa el aprendizaje. De esta autopercepción como estudiante, por la que me hago cargo de mí mismo y me percibo cada vez como más competente y capaz, se nutre la motivación y el sentimiento de competencia.

Para convertirme en un estudiante responsable que estudia diariamente y no deja las cosas para las semanas anteriores a los exámenes, es imprescindible que yo me haga mi propio chequeo cada trimestre con el fin de comprobar mi grado de responsabilidad, de autodisciplina y de aplicación práctica y diaria de las estrategias para un estudio verdaderamente eficaz.

A continuación te presento un cuestionario muy práctico que debes hacer cada dos o tres meses durante el curso. Responde con sinceridad a todas las afirmaciones de los ocho apartados y averigua en qué medida estás cumpliendo todas las estrategias para obtener el mejor resultado posible en tus estudios.

CUESTIONARIO
APRENDO A CONOCERME COMO ESTUDIANTE

Sé objetivo y sincero al puntuarte de 1 a 5 en cada una de las ocho afirmaciones de los ocho apartados, y averigua tu nivel:

A) Interés general por aprender.
B) Organización y planificación del estudio.
C) Atención y esfuerzo en clase.
D) Facilidad para memorizar y recordar lo aprendido.
E) Lectura comprensiva y eficaz.
F) Estudio personal en casa.
G) Controles y exámenes.
H) Autoconfianza y autoestima.

Forma de puntuarte: Siempre (5 puntos).
Frecuente (4 puntos).
Algunas veces (3 puntos).
Pocas veces (2 puntos).
Nunca, casi nunca (1 punto).

A) INTERÉS GENERAL POR APRENDER

1. Me gusta aprender de todo 1, 2, 3, 4, 5
2. Comienzo el curso con alta motivación y continúo así hasta el final 1, 2, 3, 4, 5
3. Siento entusiasmo e interés por saber más de lo que exigen 1, 2, 3, 4, 5
4. Si lo necesito, estudio sin importarme el tiempo 1, 2, 3, 4, 5
5. Sé bien por qué estudio y los beneficios que me reportará 1, 2, 3, 4, 5
6. Veo claramente adónde me conducirá una buena formación 1, 2, 3, 4, 5
7. Sé llevar a la práctica lo que estoy aprendiendo 1, 2, 3, 4, 5
8. Utilizo lo aprendido, hablo de ello y lo convierto en tema de discusión 1, 2, 3, 4, 5

B) ORGANIZACIÓN Y PLANIFICACIÓN DEL ESTUDIO
1. He hecho mi propio plan de estudio por cada asignatura   1, 2, 3, 4, 5
2. Distribuyo el tiempo de acuerdo con las dificultades que encuentro 1, 2, 3, 4, 5
3. Fijo períodos para estudios y repasos a largo plazo 1, 2, 3, 4, 5
4. Fijo períodos de tiempo para estudios y repasos a corto plazo 1, 2, 3, 4, 5
5. Sé cuándo y cómo tomarme el descanso mental y físico necesario 1, 2, 3, 4, 5
6. Asigno prioridades a la lista de cosas que debo hacer cada día 1, 2, 3, 4, 5
7. Hago repasos periódicos para cada tema 1, 2, 3, 4, 5
8. Me evalúo a mí mismo cada día y registro gráficamente mi grado de aprovechamiento en el estudio 1, 2, 3, 4, 5

C) ATENCIÓN Y ESFUERZO EN CLASE
1. En clase estoy atento a las explicaciones 1, 2, 3, 4, 5
2. Pregunto lo que no entiendo 1, 2, 3, 4, 5
3. Tomo apuntes de las explicaciones 1, 2, 3, 4, 5
4. Cada día paso a limpio y ordeno mis apuntes por temas   1, 2, 3, 4, 5
5. Evito las distracciones de todo tipo 1, 2, 3, 4, 5
6. Atiendo selectivamente a lo que el profesor da más importancia 1, 2, 3, 4, 5
7. Vuelvo frecuentemente sobre los apuntes, los repaso y los utilizo 1, 2, 3, 4, 5
8. Participo de forma activa en la clase; salgo voluntario ...   1, 2, 3, 4, 5

D) MEMORIZAR Y RECORDAR LO APRENDIDO
1. Entiendo bien lo que leo y escucho 1, 2, 3, 4, 5
2. Tengo facilidad para recordar 1, 2, 3, 4, 5
3. Puedo resumir fácilmente una conferencia uno o dos días después de oírla 1, 2, 3, 4, 5
4. Tengo estrategias para memorizar mejor 1, 2, 3, 4, 5
5. Puedo recordar, aunque esté preocupado o nervioso 1, 2, 3, 4, 5
6. Tras leer atentamente una pregunta puedo escribir las ideas fundamentales 1, 2, 3, 4, 5

7. Me ayudo de esquemas y gráficos para comprender y memorizar 1, 2, 3, 4, 5
8. Grabo en audio los temas que se memorizan peor 1, 2, 3, 4, 5

E) LECTURA COMPRENSIVA DE ESTUDIO

1. Tras la primera lectura ya tengo una idea general del contenido 1, 2, 3, 4, 5
2. Me hago constantes preguntas sobre lo que leo 1, 2, 3, 4, 5
3. Subrayo, hago acotaciones, llamadas, dibujos, anotaciones cuando leo 1, 2, 3, 4, 5
4. Si no comprendo algo tras varios intentos, lo destaco para preguntarlo 1, 2, 3, 4, 5
5. Trato de relacionar el contenido de la lectura con lo que ya sé 1, 2, 3, 4, 5
6. Hago un guión personalizado de cada tema estudiado .. 1, 2, 3, 4, 5
7. Estoy bien descansado y atento mientras leo 1, 2, 3, 4, 5
8. Me ejercito con frecuencia en recitar y recordar lo leído 1, 2, 3, 4, 5

F) ESTUDIO PERSONAL EN CASA

1. Estudio siempre en el mismo sitio 1, 2, 3, 4, 5
2. Hay limpieza y orden en mi habitación y en la mesa de estudio 1, 2, 3, 4, 5
3. Me rodeo de silencio y temperatura agradable y evito cuanto pueda distraerme 1, 2, 3, 4, 5
4. Tengo marcado un tiempo mínimo de trabajo personal y lo cumplo 1, 2, 3, 4, 5
5. Amplío el tiempo de trabajo personal si es necesario y sin hacer por ello un drama 1, 2, 3, 4, 5
6. Descanso siempre que veo que desciende mi rendimiento 1, 2, 3, 4, 5
7. Para tener ordenados y a punto mis apuntes y trabajos utilizo carpetas y ficheros 1, 2, 3, 4, 5
8. Utilizo obras de consulta para ampliar conocimientos ... 1, 2, 3, 4, 5

G) CONTROLES Y EXÁMENES

1. Desde el comienzo de curso llevo al día todas las materias 1, 2, 3, 4, 5

2. Realizo frecuentes repasos insistiendo en lo esencial 1, 2, 3, 4, 5
3. Compruebo por escrito que lo estudiado ha sido bien aprendido y memorizado 1, 2, 3, 4, 5
4. Repasando mis apuntes de clase me atrevo a adivinar las posibles preguntas de un examen 1, 2, 3, 4, 5
5. Inicio con tiempo un plan de repaso para exámenes 1, 2, 3, 4, 5
6. Reduzco los contenidos de cada tema a lo esencial y me doy seguridad 1, 2, 3, 4, 5
7. Aplico las consabidas estrategias para la eficacia en los exámenes 1, 2, 3, 4, 5
8. Me muestro seguro y optimista, antes y durante el examen 1, 2, 3, 4, 5

H) AUTOCONFIANZA Y AUTOESTIMA

1. Me siento capaz; tengo fe en mí mismo 1, 2, 3, 4, 5
2. Inicio las tareas con prontitud y entusiasmo; el éxito depende de mí 1, 2, 3, 4, 5
3. Me felicito y animo tras cada esfuerzo y éxito 1, 2, 3, 4, 5
4. Cuando tengo fallos en el rendimiento, sé cómo superarlos 1, 2, 3, 4, 5
5. Me siento seguro cuando hablo ante los demás 1, 2, 3, 4, 5
6. Puedo enumerar varias de mis cualidades de las que me siento orgulloso 1, 2, 3, 4, 5
7. Tengo capacidad de decisión 1, 2, 3, 4, 5
8. Digo lo que pienso y mantengo mi criterio con firmeza . 1, 2, 3, 4, 5

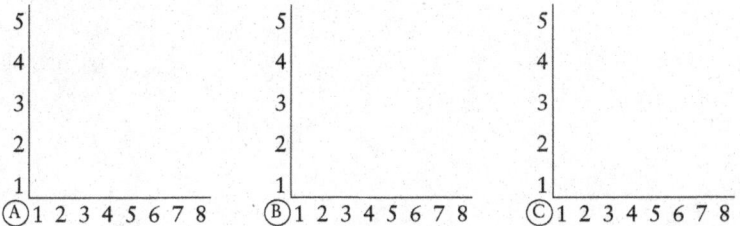

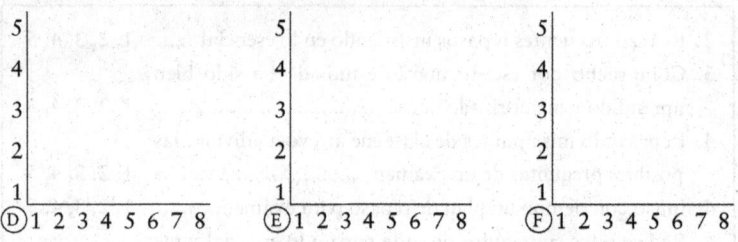
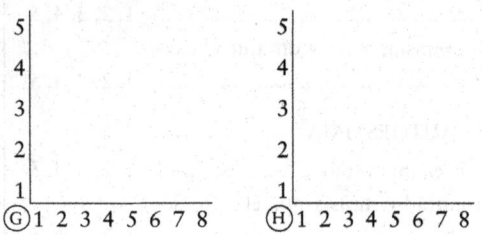

RESUMEN

- La metacognición nos permite tomar conciencia de nuestra condición de estudiante, permitiéndonos conocer las estrategias que empleamos y cómo facilitan nuestro aprendizaje. Es necesario realizar un «chequeo» con el fin de comprobar el grado de responsabilidad, autodisciplina y aplicación práctica de las estrategias.

| capítulo veinte | El que enseña aprende dos veces |

Explicar a los demás lo aprendido es la forma más eficaz de aprender bien y desarrollar las propias capacidades.

En incontables ocasiones en las que he tenido que hablar a estudiantes he recordado las tres conocidas preguntas que se hacía san Francisco de Sales con respecto al estudio eficaz:

—*¿Quieres aprender?* «Estudia por tu cuenta» (aprendizaje personal). Las técnicas de estudio serían la respuesta adecuada a esta primera pregunta que hacía el santo. Saber estudiar es tan importante para un estudiante como saber cocinar para un cocinero o saber navegar para un marinero y, por absurdo que parezca, un porcentaje muy elevado de estudiantes no sabe estudiar y nadie les ha enseñado.

— La segunda pregunta que se hace el santo es: *¿Quieres aprender mucho?* Entonces, «busca a quien pueda enseñarte». Para eso están los profesores especializados en las distintas materias. Uno debe aprender cuanto le sea posible por cuenta propia, pero siempre necesitará al especialista para que le ayude a hacerlo mejor y con más rapidez.

— La tercera pregunta que se hace el santo es: *¿Quieres aprender muchísimo?* Entonces, «no dejes de ir enseñando a otros aquello que ya sabes o que están aprendiendo».

Puedo asegurar que no he encontrado una estrategia más eficaz para aprender bien como la de enseñar a otros lo que ya se sabe o simplemente se está aprendiendo, porque se exige uno a sí mismo profundizar más en el tema, desmenuzarlo, hacerlo más fácil y adaptarlo a la capacidad de comprensión de aquel a quien se lo queremos enseñar.

No hay mejor profesor particular que un compañero de clase que domina la materia a la perfección y disfruta ayudando a sus compañeros y, aunque es verdad que estos salen beneficiados, el más beneficiado es el estudiante que ejerce de profesor, ya que, repito, no hay forma más práctica, rápida y segura de aprender bien algo que haciéndoselo aprender a otros.

He descubierto también que la mejor forma de repasar, de fijar lo aprendido y de desarrollar las capacidades intelectuales consiste en formar un grupo de tres o cuatro amigos del mismo curso, repartirse los temas de examen para que cada uno estudie más a fondo el que le toque en suerte, y después cada uno, «especializado» en los temas elegidos, explica con todo lujo de detalles a sus compañeros su parte, y se convierte en un profesor, alguien que no solo explica, sino que examina y pide cuentas a los demás.

Formar estos pequeños grupos hace el aprendizaje especialmente divertido y eficaz. Los que se desaniman o encuentran dificultades reciben el empuje y el aliento de sus compañeros. Así, además de propiciar el trabajo individual, se estimula el trabajo en grupo de «unos para otros y de forma más motivadora y divertida».

RESUMEN

- Explicar a los demás lo aprendido es la forma más eficaz de aprender bien y desarrollar las propias capacidades. Debemos aprender a estudiar por nuestra cuenta, acudir a personas especializadas que nos ayuden y enseñar lo que sabemos a los demás, para lo cual es interesante formar pequeños grupos de estudio que faciliten la tarea de aprendizaje haciéndolo divertido y eficaz.

capítulo	
veintiuno	El uso de las grabaciones

Hace ya algunos años comencé a practicar con estudiantes de EGB y primeros cursos de bachillerato enseñándoles a repetir ante el radiocasete en lenguaje coloquial, como si estuvieran ante su profesor, las preguntas que habían leído previamente un par de veces. Les dejaba que tuvieran el libro abierto o los apuntes y que miraran las veces que fuera necesario. Después escuchaban dos o tres veces la grabación de las preguntas y cuando adquirían cierta práctica, las lecciones quedaban aprendidas a la perfección.

Pasados unos meses realizaban un control por escrito de lo aprendido y cuando deseaban repasar, simplemente con escuchar dos o tres veces las lecciones que hacía tiempo no habían visto las recordaban perfectamente.

Así ayudé a muchos estudiantes que encontraban graves dificultades en aprender «de memoria» asignaturas como historia, geografía, etc.

Con el tiempo, he comprobado los estupendos resultados del sistema de la grabación, sobre todo con personas que preparan oposiciones y con estudiantes universitarios, en especial de carreras como derecho.

La grabación jamás debe sustituir totalmente a la forma clásica de estudiar (pregunta por pregunta, leyendo detenidamente, subrayando las ideas principales, etc.), pero es una forma complementaria muy eficaz para estudiar con el máximo aprovechamiento y en cualquier lugar, que además tiene las siguientes ventajas:

1. El estudiante no necesita esforzarse demasiado, cansando su vista de tanto leer y leer. En cuanto la lección ha pasado del libro o de los apuntes al archivo de audio, ya tiene la sensación de «dominar» el tema; solo tiene que escucharlo, relajado, con los ojos cerrados y hasta tendido en un sofá.

2. La mente va codificando lo aprendido, la información que recibe, como «un todo» perfectamente relacionado que luego recuerda con facilidad.

3. La atención y la concentración son máximas, ya que si utiliza auriculares, el estudiante se protege de posibles distracciones auditivas y, al tener los ojos entornados, también evita las distracciones visuales.

4. Se puede estudiar en cualquier sitio y momento: en el asiento del coche mientras los demás hablan o escuchan la radio, en metro o en autobús, paseando en bicicleta, moviéndose por la casa, acostado, sin luz, etc.

RESUMEN
• Usar grabaciones de los temas facilita el aprendizaje y complementa eficazmente el estudio que realizamos de otras maneras. No exige demasiado esfuerzo, y nos permite codificar lo aprendido y estudiar en cualquier sitio.

capítulo
veintidós | Solo competir con uno mismo

Cuanto antes aprenda el estudiante a no competir con nadie, mejor. El verdadero triunfador sabe bien que «hay mucho espacio en la cima» y no se compara con los demás; solo mantiene un reto personal consigo mismo tratando de ser cada vez un poco más constante, responsable y eficaz, para cerciorarse de que «hace camino» a buen ritmo hacia el objetivo marcado.

En definitiva, se trata de ser un estudiante que cada día es mejor y obtiene unos resultados más satisfactorios, pero siempre comparándose consigo mismo.

Ahora es necesario recordar que «cualquier fracaso siempre es un paso hacia el éxito» y que, en lugar de perder un tiempo precioso en lamentaciones inútiles, lo mejor es aprovechar ese tiempo en corregir el error e intentarlo de nuevo cuantas veces sea necesario. En definitiva, a cualquiera de nosotros, solo nos separa del éxito el empleo de técnicas eficaces, la tenacidad y la perseverancia.

El estudiante debe aprender que el fracaso forma parte de la vida del hombre y que los frutos del éxito maduran con lentitud y, casi siempre, después de tener muchos errores. Además, como dice I. C. Kassorla: «Los fracasos ofrecen una información valiosa respecto de dónde no hay que ir la próxima vez, son guías útiles, no señales de rendición».

> **RESUMEN**
>
> - El estudiante no debe compararse con los demás, sino ser él su propio reto, aprendiendo de los fracasos y empleando técnicas eficaces con tenacidad y perseverancia.

capítulo veintitrés — La fuerza de voluntad, soporte de todas las estrategias para el éxito

Alguien ha dicho que la voluntad es la piedra filosofal, buscada por la alquimia. No sé si esto será cierto, pero sí que todo hombre llega a ser, a convertirse en lo que es su pensamiento y su voluntad.

No me canso de repetir a los estudiantes que desarrollen su voluntad repitiendo actos positivos que les convienen, que les reportan utilidad, aunque no les gusten, y así lograrán hábitos.

El ejercicio constante de la repetición de actos positivos que cuestan trabajo y exigen un esfuerzo es lo que llamamos *voluntad constituyente* o en proceso de formación y que, con la repetición tenaz de esos actos positivos, no se tarda en lograr la auténtica fuerza de voluntad, lo que se llama «voluntad constituida», entrenada y capaz de hacernos agradable y placentero lo que antes nos exigía un tremendo esfuerzo.

No hay otro camino para lograr la «auténtica voluntad», la que ya no exige esfuerzo y tenacidad y convierte la acción en verdadero placer y motivación intrínseca, que el camino del esfuerzo denodado, día a día, sin permitirnos concesiones, lo que nos conviene de verdad para nuestro desarrollo personal, intelectual y moral, *aunque no nos guste*.

RESUMEN
• La voluntad constituyente consiste en la repetición constante de actos positivos que exigen esfuerzo. Poco a poco, se logra la auténtica fuerza de voluntad que nos permite disfrutar de lo que antes nos costaba tanto trabajo.

capítulo veinticuatro | Decálogo de la voluntad

1. *Formula tus propósitos de forma positiva* y no utilices expresiones como «lo intentaré», «trataré» o «haré lo posible». Di sencillamente: «Lo hago ahora», sin más dilaciones, «porque sé que es algo que me conviene». (Acumula todas las razones a favor del logro del objetivo y refléjalo por escrito.)

2. *Fíjate objetivos medibles, observables.* Haz un registro gráfico de los logros obtenidos (autoobservación), y que otras personas ante las cuales has hecho compromiso público y notorio te evalúen (heteroobservación).

3. *Que lo que te propongas sea algo posible y te permita tener algún éxito pronto.* Así, te acercarás al éxito final de manera gradual, pero no hagas excepción alguna hasta que el nuevo hábito forme parte de ti totalmente.

4. *Márcate un límite máximo de tiempo*, contrólate a tiempos parciales y observa a qué ritmo y con qué eficacia te acercas al objetivo. Aprovecha cualquier ocasión para aplicar las resoluciones tomadas y sigue cualquier motivación que vaya orientada en el sentido del hábito que deseas adquirir.

5. *Debes ser muy consciente de que tú eres el único responsable*; no «eches balones fuera», ni culpes a los demás. Aprende a depender por completo de ti mismo y no hagas

concesiones ni excepciones hasta lograr la «voluntad constituyente».

6. *Sé previsor, sensato y práctico.* Vuelve a tus experiencias del pasado y averigua cómo, cuándo y por qué se vinieron abajo tus buenos propósitos. ¿Cómo acostumbras a engañarte a ti mismo?

7. *Ponte como ejemplos personas de fuerte voluntad.* Acércate a alguien que te arrastre a ser responsable y decidido, y te contagie su voluntad.

8. *Haz algo por la simple razón de que no te gusta, algo que prefieras no hacer.* Así, cuando la circunstancia adversa o una tremenda dificultad ponga a prueba tu voluntad, estarás preparado, adiestrado y contarás con la fuerza suficiente para pasar a la acción, a pesar de los obstáculos, por insuperables que parezcan.

9. *Resume en una frase breve, pero clara y expresiva, el compromiso adoptado.* Escríbelo en una cartulina que pondrás en un sitio bien visible, y así lo mantendrás siempre vivo en tu memoria. Comprometerse con la decisión tomada es no admitir más que el éxito.

10. *Prémiate, felicítate y date recompensas* pequeñas o inmediatas por trabajos y actos de voluntad a corto plazo y de realización propia y recompensas mayores para objetivos más difíciles y a medio y largo plazo.

A este decálogo para la voluntad y para hacer realidad cualquier propósito, debo añadir que trates de *disfrutar* con lo que haces y que aprendas a formar sensaciones agradables, de alegría, contento y esperanza con aquello que pretendes lograr.

RESUMEN

- El *decálogo de la voluntad* nos invita a formular nuestros propósitos de forma positiva y a fijarnos objetivos que sean medibles y observables, dentro de nuestras posibilidades y con un límite de tiempo adecuado. Debes ser consciente de que eres el único responsable de lo que te ocurra, siendo siempre previsor, sensato y práctico y acercándote a personas que te sirvan de ejemplo de fuerte voluntad. Realiza algo que no te guste para afianzar tu voluntad. Haz un resumen del compromiso y prémiate por los actos de voluntad que realices, aprendiendo a disfrutar de todo cuanto hagas.

capítulo veinticinco
Para llegar a ser verdaderamente eficaz y lograr los objetivos propuestos

Espero, querido estudiante, que en estos momentos ya hayas activado tu mecanismo interno de «autoarranque», hayas pasado a la acción, tengas un programa de trabajo que cumples cada día y estés caminando a buen ritmo hacia el éxito en los estudios. No obstante, deseo darte unas últimas y buenas recomendaciones para que logres la eficacia y el éxito en cualquier objetivo que te propongas en tu vida futura, y que las utilices como si fueran un «botiquín psicológico de urgencia», siempre que el desánimo o la pereza traten de apoderarse de ti.

1. *Olvida para siempre la palabra «fracaso»*. Para ti no deben existir desde hoy los fracasos, sino experiencias más o menos afortunadas de las que sacarás todo el provecho posible para acercarte antes y mejor al éxito en lo que te has propuesto.

2. *Aprende a «ver en la oscuridad»*, a descubrir el beneficio que encierra todo en esta vida, hasta los infortunios y las experiencias negativas. Jamás te desprendas de la firme convicción de que siempre, hasta en los peores momentos, hay otras posibilidades, otras alternativas y salidas.

3. *Elige directamente el éxito*, no admitas ni en tu mente ni en tu corazón como cosa definitiva el fracaso.

4. *Tú y solo tú llevas los mandos* de tu propia vida; eres responsable absoluto de lo que eres y de tus actos, de nada te servirá culpar a otros; por eso, es fundamental que asumas un compromiso personal en lo que haces, que seas disciplinado y responsable, evalúes periódicamente tus esfuerzos y compruebes a qué ritmo te acercas al objetivo marcado.

5. «*Convierte tu vocación en vocación*», como decía Mark Twain, y disfruta de cada momento de tu actividad y para ello, activa constantemente el entusiasmo, la ilusión y la alegría de vivir.

6. *Recuerda que todos los consejos, las mejores estrategias y todo cuanto hemos dicho* jamás se llevarán a cabo sin el tesón inteligente, sin tu persistencia personal sin desmayos, sin tu entrega y dedicación plena hasta el final.

7. *Pon en práctica la «cooperación creativa» que nos enseña* la madre Naturaleza en la que todo es *cooperación*. Puedes comprobar cómo si plantas dos vegetales, sus raíces se entremezclarán y mejorarán la calidad del suelo, y crecerán mejor que si estuvieran separadas. Coopera y pide la cooperación de otros, pero sé generoso y, si obtienes frutos para ti, obtenlos también para los demás y procura el beneficio mutuo en cualquier interacción humana.

8. *Cuídate y autorrenuévate constantemente.* Haz una vida sana y equilibrada en todos los ámbitos posibles (físico, mental, emocional, social y espiritual), y no te olvides de tenerlos a punto todos los días.

Si llevas a la práctica estos consejos, además de un estudiante con éxito, sin duda te convertirás en una persona adulta eficaz, capacitada para lograr cualquier objetivo que te propongas.

RESUMEN

- Para llegar a ser verdaderamente eficaz y lograr los objetivos propuestos debemos olvidar la palabra *fracaso*, aprender a ver lo positivo de las cosas y elegir solo el éxito. Debemos ser responsables de lo que somos y hacemos, disfrutando siempre de ello y empleando todas las estrategias con tesón. Mediante la «cooperación creativa» nos acercamos a la naturaleza y procuramos el beneficio mutuo con los demás. Tenemos que cuidarnos y renovarnos sin cesar, no solo para ser unos estudiantes eficaces, sino para convertirnos en adultos capacitados.

Consejos a los padres de los estudiantes para ayudar a sus hijos en los estudios

capítulo veintiséis

Desde los primeros años de la escolaridad hay que cultivar la motivación en el estudiante, y convertir este elemento en algo que forme parte de su personalidad, una motivación intrínseca. Se trata de una fuerza de carácter interno que impulsa al estudiante a esforzarse en el estudio con la esperanza de obtener unos resultados satisfactorios en el perfecto dominio de los contenidos de aprendizaje, resultados que son en sí mismos su recompensa natural más preciada y que darán lugar a la auténtica motivación para hacer posible el éxito escolar.

En la motivación intrínseca, la misma ejecución de la tarea bien realizada es el fin perseguido por el alumno que se siente premiado, valorado y realizado como persona.

¿Qué rasgos definen a un estudiante con motivación? y ¿qué podemos hacer los padres para que nuestros hijos la tengan?

1. Preocupación por adquirir y desarrollar aptitudes, destrezas y habilidades necesarias para la comprensión y el dominio de los nuevos contenidos que han de ser asimilados. Para lograrlo debemos valorar siempre sus esfuerzos, reconocer sus méritos, darles ejemplo de preocupación por saber más y mejor y contagiarles la ilusión por adquirir más conocimientos, por leer y por la superación constante de nosotros mismos.

2. Aprovisionamiento continuo de la mayor cantidad de información relacionada con la tarea objeto de aprendizaje para su posterior utilización.

Que vean cómo los padres ampliamos constantemente nuestros conocimientos, que siempre echamos mano de libros especializados (enciclopedias, diccionarios y obras de consulta), y que seamos nosotros mismos quienes les enseñamos a utilizarlos ya desde la educación primaria.

3. Convertir la solución de problemas, la superación de obstáculos y el aprendizaje de materias difíciles en un reto personal.

Nuestros hijos han de aprender de nosotros que no hay dificultad insalvable, si se ponen los medios adecuados, se actúa inteligentemente y si uno se empeña en conseguirlo. Ante una asignatura difícil, se le debe decir siempre: «Tú puedes; solo necesitas mayor dosis de coraje para lograrlo».

4. Compromiso personal, en dos sentidos: responsabilizándose de todo lo que se refiere al logro de los objetivos marcados (determinación) y dedicando todo el esfuerzo a superarse cada día en el logro de mejores resultados.

Los padres debemos dejar siempre bien claro que cualquier logro supone un compromiso personal serio que implica no dejar de intentar lo que nos hemos propuesto, pero esto solo es posible si convertimos en nuestros aliados diarios a la responsabilidad y al esfuerzo personal.

5. Gran confianza en sí mismo y autoestima centradas en un alto nivel de competencia y en la experiencia acumulada con constancia y esfuerzo.

Hemos de fijarnos en todo lo positivo que tienen nuestros hijos y transmitirles constantemente la idea de que valen, sirven, son inteligentes y pueden lograr cuanto se propongan, si ponen el tesón y el esfuerzo necesarios.

6. Curiosidad e interés siempre activados y a punto para descubrir, conocer y asimilar nuevos conocimientos, una especie de «hambre de ciencia y sabiduría».

Nada mejor para un estudiante que haber aprendido de sus propios padres ese «hambre» de ciencia y sabiduría. El deseo de aprender más y mejor lo pueden transmitir a sus hijos todos los padres, no solo los muy inteligentes o con estudios superiores.

7. Cuando llega el fracaso, el estudiante motivado intrínsecamente no se juzga a sí mismo como incompetente, lo cual lo llevaría a dejar de esforzarse, sino que atribuye su escaso rendimiento a la falta de tesón y esfuerzo. Por eso, una vez analizadas las causas, aplica los remedios incrementando el esfuerzo.

Los padres no debemos dar a entender a los hijos que sus fracasos tienen como causa la falta de aptitudes intelectuales, esto los hundiría, sino por no dedicar el suficiente tiempo, atención y esfuerzo a las tareas.

> **RESUMEN**
>
> - Los padres deben motivar a su hijo desde edades tempranas. Esta motivación intrínseca se consigue valorando y reforzando los méritos de nuestros hijos y contagiándoles la ilusión y la inquietud por conocer más. Los padres deben ser un ejemplo de motivación, ampliando de forma constante sus conocimientos y convirtiendo el aprendizaje en un reto personal. El compromiso personal, la autoconfianza, la curiosidad y el interés son factores que debemos transmitir a nuestros hijos. Ante un fracaso escolar o de otro tipo, tenemos que seguir animándolos para que dediquen más tiempo y esfuerzo.

capítulo veintisiete | Consejos a los profesores

De entre las numerosas investigaciones llevadas a cabo en los últimos años parece que los atributos cognoscitivos y de personalidad que se exigen al profesor para una labor educativa eficaz se concretan en cuatro niveles de aptitudes:

1. *Cognoscitivos*. Amplitud, variedad y riqueza de conocimientos en el área concreta del saber correspondiente a su especialización y a las materias que imparte.
2. *Psicopedagógicos*. Adquieren especial relevancia las siguientes:

— «Ciencia-arte-habilidad» para explicar con lucidez los conceptos más oscuros y que entrañan mayor dificultad.
— Conceder toda la importancia que merece el aprendizaje significativo en la adquisición de conocimientos.
— Entrenar al alumno en las técnicas de aprendizaje y facilitar la comprensión por todos los medios.

3. *Aptitudes para adecuar los contenidos del aprendizaje al grupo de alumnos concreto al que imparte la asignatura*. No se trata de decir: «Yo enseño, yo siembro y que cada cual vea cómo

se las arregla para aprender». La responsabilidad de un buen profesor va mucho más allá, es decir, no se siente satisfecho hasta ver que ha hecho cuanto está en sus manos para que hasta los menos capaces tengan el máximo de posibilidades y oportunidades.

4. *Aptitudes de empatía y capacidad para interesar al alumno en el aprendizaje, despertando en él la motivación intrínseca y el sentimiento de ser capaz, de ser competente.* El buen profesor jamás pone etiquetas negativas a sus alumnos, sino que trata de desarrollar en ellos al máximo todas sus potencialidades y siempre se esfuerza en destacar lo que tienen de más positivo y valioso.

Mis sugerencias y consejos a los profesores van en la línea de pedirles que potencien en lo posible en sí mismos los cuatro niveles de aptitudes a que acabo de referirme y al mismo tiempo desarrollen al máximo los siguientes rasgos:

— Comprensión y empatía, ponerse en el lugar del alumno.
— Actitud dialogante, dejarle hablar, dar razones.
— Cordialidad y tolerancia.
— Bondad y honradez.
— Respeto y consideración.
— Ser un verdadero «educador» que potencia al máximo los valores y cualidades de su alumno.
— Ser buen «psicólogo», conocerle para comprenderle mejor.
— Ser justo.
— Procurar elevar el propio nivel de competencia día a día.
— Mostrar actitudes democráticas.
— Ser imaginativo y divertido.
— Comunicativo y familiar.
— Imparcial.
— Firmeza y constancia.

RESUMEN

- Las aptitudes necesarias para un profesor deben ser cognoscitivas y psicopedagógicas. El profesor no se limita a enseñar, sino que debe hacerlo a un grupo específico, por lo que debe adecuar sus conocimientos y enseñanza a las características del mismo. Además, debe desarrollar sus aptitudes de empatía y capacidad para interesarse por el alumno, despertando en él la motivación intrínseca, manteniendo siempre una actitud dialogante y democrática que permita transmitir valores tan importantes como la bondad, la tolerancia, la justicia...

capítulo veintiocho	Estudios de posgrado

En un breve periodo de tiempo, en el marco del denominado Proceso de Bolonia, en nuestro país se implantarán nuevas titulaciones con un planteamiento diferente. Los conocimientos del universitario español se impartirán mediante dos títulos diferenciados, los «grados» —con una duración de cuatro años— y cuyos contenidos serán más generales, pues se reducirán el número de titulaciones y se harán más homogéneos, y los «másteres posgrado», que tendrán una duración de uno o dos cursos y que, por un lado serán más específicos en sus contenidos y, por otro, estarán más enfocados a la inmersión del futuro profesional en el mercado de trabajo.

Esta, a mi entender, es una buena modificación del sistema universitario, ya que además de acercarnos a Europa, prepara a nuestros futuros profesionales para el, en muchas ocasiones, complicado mundo laboral y los educa (gracias a la evaluación continua y a los trabajos obligatorios en grupo) en la autoevaluación, en la formación permanente y en la cooperación en el trabajo. Es conveniente también, ya que una vez terminada la carrera, buena parte de los estudiantes siente la imperiosa necesidad de continuar formándose y capacitándose más, de especializarse en un campo determinado y adquirir el máximo posible de conocimientos teóricos en una determinada especialidad y, por supuesto, tener la posibilidad de llevarlos a la práctica, de adquirir la necesaria experiencia para poder desempeñar con éxito seguro esa profesión que un día eligió al entrar en la universidad. Y a esta exigencia es a la que da cobertura esta nueva reforma.

Estudiantes de medicina, derecho, ciencias de la información, futuros profesionales de la empresa, etc., terminaban sus estudios, sus licenciaturas universitarias y se preguntaban: «Y ahora, ¿qué? ¿por qué yo no tengo ni la experiencia, ni seguramente los conocimientos necesarios, ni la práctica acumulada para desempeñar mi profesión?». Por eso era tan acuciante la demanda de los másteres en la actualidad. El posgraduado madura, se entrena, adquiere experiencia al lado de unos especialistas que le enseñan las claves para el éxito en la profesión elegida, le hacen experimentar los primeros logros profesionales y le dejan ya encarrilado, orientado y dispuesto a desempeñar con eficacia su trabajo.

El estudiante de máster debe olvidarse de las calificaciones, de las notas y solo debe dedicar todo su esfuerzo a potenciar al máximo sus aptitudes, a aprender todo cuanto le propongan sus profesores y entregarse ya a la tarea formativa con toda la ilusión y el entusiasmo de que sea capaz. Será el entusiasmo, la dedicación y el tesón por convertirse en un experto bien entrenado y capacitado lo que le ponga en las mejores condiciones para el triunfo en la profesión que ha esperado ejercer durante años. El estudiante de posgrado ha de ser una persona llena de confianza y autoestima, de un alto sentimiento de competencia, alegre y feliz, sin miedo a exámenes y a notas y, además, que se olvide de suspensos, de temores y de angustias. Ya terminó su carrera —su grado, por utilizar el nuevo lenguaje derivado de la reforma universitaria— y ahora se entregará en cuerpo y alma a capacitarse al máximo, y da igual que esta superpreparación dure un año o cuatro, ya que se trata del espaldarazo definitivo, del entrenamiento final para ejercer con verdadero éxito en el futuro la profesión que siempre soñó.

Yo era partidario de los estudios de posgrado bien diseñados por profesores capaces y con muchos años de experiencia real y que pusiesen al posgraduado en contacto con las dificultades y los problemas que después encontrará en la vida real cuando ejerza su profesión, y espero que la implantación práctica de esta reforma no me defraude. Pues si, por el contrario, los estudios de posgrado se sitúan en la línea teórica sin bajar a la realidad de la experiencia diaria, me parece que solo son una pérdida de tiempo.

Es importante, por tanto, que el posgraduado se cerciore antes de iniciar este tipo de estudios de que va a recibir una enseñanza eminentemente práctica y que le va a capacitar para desempeñar perfectamente su profesión una vez terminada. De nada sirve acumular títulos y más títulos si no se ha adquirido la necesaria experiencia en la profesión que se va a desempeñar.

Paralelamente a la motivación e interés del estudiante, ha surgido ante nosotros un rápido crecimiento de la necesidad que tienen las empresas y los centros de contratar personas que no solo hayan terminado la carrera, sino que dispongan de una formación, teórica y práctica, con una base más sólida y más amplia. De aquí también la conveniencia de la aceptación del polémico proceso de Bolonia. No se trata tan solo de alimentar un interés personal, sino que además va orientado al ámbito laboral. De ahí que en estos últimos años la demanda de formación de posgrado por parte de los estudiantes y las empresas haya crecido de forma considerable, dando sus frutos en la implantación de este nuevo plan.

Un curso de posgrado debe servirnos de especialización, de manera que se puedan llegar a conocer a fondo los términos básicos y las tecnologías, y permitir además una generalización a otros temas y a otras áreas; es decir, no debe quedar desvinculado del resto del conocimiento tanto práctico como teórico, ser un complemento. Por tanto, es necesario que el futuro profesional se especialice en un tema determinado, que le permita cumplir su tarea de la mejor manera posible o, por lo menos, de la mejor manera conocida, pero esto no le debe convertir en un «bicho» raro, ajeno a lo que ocurre a su alrededor y centrado tan solo en su especialidad. El mundo es mucho más que conocimiento propio, y debemos ser capaces en todo momento de tener una perspectiva amplia, capaz de divisar más allá de lo que nos permite nuestra propia visión.

Pero el máster, el curso de doctorado (previsto como tercer grado en la nueva reforma) o cualquier otro tipo de formación de naturaleza privada no nos va a aportar el conocimiento universal, aunque en él hayamos puesto todo nuestro esfuerzo, le hayamos dedicado mucho tiempo o hayamos inventado una nueva fórmula matemática. Debemos considerarlo una nueva forma de ver las cosas, una forma de poner a prueba nuestras capacidades, de ponernos en marcha y familiarizarnos con nuevos términos, métodos y temas; al mismo tiempo debemos considerarlo el primer paso de nuestra profesionalidad, que ya hemos iniciado durante el grado.

Y digo que es el primer paso, porque la tarea formativa no se va a acabar aquí. Si no la hemos terminado con la carrera, ni al acabar la formación de posgrado, ¿cuándo la finalizaremos? Nunca, por muy sorprendente que suene. Hablamos de la *formación permanente*, continuada y constante. El personal que, en principio, parecía cualificado para una determinada función, con el paso de unos años puede quedar desplazado por las nuevas innovaciones y tecnologías. El buen profesional, el que mantiene viva su vocación de estudiante, no olvida que tiene que ocuparse a diario de seguir formándose. No significa únicamente acudir a cursillos continuamente o a conferencias interesantísimas, sino de seguir una educación actualizada a través de libros, revistas especializadas... que le aporten las nuevas visiones y los adelantos necesarios para seguir ejerciendo su labor.

Es frecuente oír decir a la gente que esta o aquella persona, profesional, parece que está en el siglo pasado. Estas personas han perdido la motivación y el interés para seguir renovándose y es necesario que vayamos introduciendo en nosotros, desde hoy mismo, un nuevo valor: la receptividad. No solo para convertirnos en personas abiertas, perceptivas y tolerantes, sino con la intención de estar atentos a cualquier innovación que pueda ayudarnos en nuestro trabajo, a nosotros mismos y a los demás. Será doble el esfuerzo, pero la constancia y la fuerza de voluntad, de la que tanto hemos hablado, nos ayudarán a convertirlo en un hábito más.

El estudio de posgrado lo puedes empezar hoy mismo, aunque resulte paradójico. El tesón, el esfuerzo y las ganas de aprender, de poner en práctica los conocimientos teóricos, colaborar con algún departamento de la facultad o en alguna investigación probablemente esté al alcance de tu mano. Recuerda lo importante que es formarse y aprender a hacerlo de forma autónoma, y que esta nueva manera de enfocar las cosas te permitirá una nueva perspectiva en todo lo que hagas en tu vida.

RESUMEN

- Una vez terminada la carrera, el estudiante tiene la necesidad de seguir formándose, de adquirir la capacidad para poder aplicar sus conocimientos al campo práctico que ha elegido y de aprender nuevos términos y técnicas que le permitan realizar su labor eficazmente. En esta línea están orientados los másteres, los cursos de doctorado..., que nos permiten adquirir, al lado de expertos, la experiencia necesaria para realizar la profesión que se ha elegido. Es por esto por lo que es una buena noticia la implantación en nuestro país y en todos los países del marco europeo del sistema de Bolonia.
- El estudiante de posgrado debe estar dispuesto al esfuerzo y a la perseverancia, debe potenciar al máximo todas sus aptitudes, así como entregarse con toda la ilusión y el entusiasmo del que sea capaz.
- Los másteres bien diseñados deben contar con personal especializado, capaz de poner en contacto al estudiante con los problemas y las dificultades de su profesión. Es necesario cerciorarse, antes de iniciar este tipo de estudios, de que ofrecen una visión actualizada y eminentemente práctica.
- Un curso de posgrado debe ser una *especialización* en un tema concreto, al mismo tiempo que permita una *generalización*, es decir, que no quede desvinculado del resto del conocimiento.
- La formación de posgrado nos ofrece una nueva perspectiva y además nos invita a una formación permanente constituida por educación continuada, reciclaje del conocimiento y actualización.

capítulo veintinueve
Oposiciones y exámenes de última convocatoria

En los últimos veinte años han pasado por mi consulta bastantes personas angustiadas y temerosas porque no podían dominar sus nervios ante una situación de examen, ya que la idea del suspenso las dejaba completamente bloqueadas y en lugar de tener su mente ocupada en rendir al máximo, la ocupaban en preocuparse, en incrementar su temor al suspenso.

Estas personas casi siempre venían a pedirme una solución, una fórmula mágica para superar con eficacia los exámenes de una oposición a la que se habían presentado ya más de una vez o bien se trataba de estudiantes que estaban a punto de agotar la última convocatoria que les quedaba de una de esas asignaturas «hueso», que todos hemos tenido y que se dan en todas las carreras.

En estas escasas líneas voy a exponer al lector qué tipo de estrategia diseño para lograr dos objetivos clave para el éxito, tanto si se trata de aprobar unas oposiciones como si tengo ante mí un estudiante a quien solo le queda una única convocatoria por agotar.

1. El primer objetivo es aprender perfectamente los temas, dominarlos, «triturarlos», hacerlos «papilla» y adquirir la absoluta seguridad de que *se sabe todo perfectamente*.

2. El segundo objetivo es convencerse a sí mismo de que se sabe todo bien y se es capaz de exponerlo con suficiente tranquilidad, tanto de forma oral como por escrito.

Para lograr el primer objetivo, es decir, dominar perfectamente los temas, el estudiante debe aplicar las técnicas y las estrategias para estudiar con éxito que hemos expuesto hasta aquí a lo largo del libro. En síntesis, se trata de entender el contenido, ya que «nada se aprende si no se entiende». Además de aprender debe «fijar» en su mente cada uno de los temas y engarzar esos conocimientos con cuanto ya sabe previamente de cada cosa y establecer cuantas relaciones pueda.

Es imprescindible establecer un programa de acción y determinar si va a dominar a la perfección uno o dos temas por semana y mantenerse fiel a la promesa que se ha hecho a sí mismo de que, pase lo que pase, logrará cada semana tener totalmente aprendidos uno o dos temas más.

Cada cinco temas debe comprobar de forma oral y por escrito que el aprendizaje sigue fresco y firme en la mente, y para ello es necesario que haga las veces de profesor-examinador algún familiar, amigo o compañero de oposición o estudios que emita un juicio sobre la calidad de nuestro aprendizaje. Una vez «triturados», aprendidos y dominados todos los temas y después de haber realizado controles cada cinco temas con éxito, se debe iniciar una segunda fase de preparación consistente en repasar y dar cinco o seis temas por semana y hacer exámenes de tipo control de quince temas en examen oral y escrito.

A partir de aquí, el opositor o el estudiante empieza a sentirse bastante seguro y es el momento de hacer constantes exámenes simulados y enfrentarse dos o tres veces por semana a exámenes semejantes a los que tendrá que hacer después ante un tribunal. Esto le ayudará a lograr el segundo objetivo: la seguridad en sí mismo.

Los ejercicios diarios de relajación, respiración profunda y autocontrol le servirán para desarrollar el hábito de la serenidad y de la calma en el momento clave. Nada es tan determinante para unos exámenes con éxito como estar entrenándose para la situación de examen frecuentemente, desde una actitud relajada y tranquila, después de haber comprobado con anterioridad que se domina todo el programa o todo el temario. Llega un momento en que para el estudiante el examen definitivo, el examen real, en que se lo juega todo a una sola carta es algo natural, un poco preocupante, pero nunca hasta el extremo de hacerle sentir inseguro y tenso como antes. «La práctica hace al maestro» y practicar es en el estudio, sea cual sea su naturaleza, la clave del éxito, el aprendizaje y la autoconfianza.

RESUMEN

- Ante una situación de oposición y/o examen de última convocatoria debemos cumplir una serie de objetivos: conocer perfectamente los temas y convencernos de que los dominamos. La planificación del estudio debe exigirnos estudiar a un ritmo constante y realizar exámenes periódicos similares a los que tendremos que realizar en la oposición o el examen. Al mismo tiempo, debemos combinar el estudio con ejercicios de relajación, respiración profunda y autocontrol.

| capítulo treinta | Tu futuro está en tus manos |

Querido estudiante, en este libro que estás a punto de terminar te he ofrecido estrategias, consejos, sugerencias y habilidades que debes desarrollar. Todo está muy bien, pero me queda por decirte lo más importante.

A lo largo de más de cuarenta años dedicado a motivar a los estudiantes, a enseñarles a superarse y a estudiar con éxito, he podido observar que por más que padres, profesores, educadores y especialistas pretendamos daros consejos, ayudaros y haceros más fácil el estudio, todo cuanto hagamos, todo nuestro esfuerzo y dedicación no sirve de nada si cada estudiante en concreto no está dispuesto a «pagar el precio del éxito», es decir, no se entera de una vez por todas de que es él quien elige, quien decide responsabilizarse, hacerse cargo de sí mismo y llevar a la práctica sin más dudas ni dilaciones la tarea de «estudiar de forma inteligente» pero «a tope» y sin dejar jamás las cosas para después. Es ese «día a día» durante años, con ilusión y esfuerzo lo que te conducirá al éxito en los estudios y en cualquier otra cosa que te propongas. Por eso, te digo que «el futuro está en tus manos» y espero que lo entiendas bien y no pases a formar parte de los millones de jóvenes que en lugar de coger con firmeza, decisión y coraje el «volante» de su propia vida responsabilizándose de todo, dedican su vida de manera necia y absurda a «echar balones fuera», a culpar a los profesores, a sus padres y a todo el mundo de sus propios fracasos.

Mi mensaje es que repases despacio el decálogo de la voluntad que te indiqué y te empeñes firmemente en el propósito de ser desde hoy un estudiante responsable y eficaz. Te sugiero que hagas tuyas para el futuro estas palabras de Benjamin: «El hombre animado por un resuelto propósito debe cumplirlo. Nada puede prevalecer contra una voluntad que empeña hasta la vida en su cumplimiento».

> **RESUMEN**
>
> - Todas las palabras de este libro no sirven para nada si el estudiante no está dispuesto a conseguir el «éxito». Es necesario que se pongan en práctica todos estos consejos y estrategias para conseguir con esfuerzo e ilusión estudiar de una forma inteligente y eficaz. El futuro está en tus manos y eres el único responsable de tu estudio y de tu vida.

BIBLIOGRAFÍA

Acosta Garrido, M. L., *Aprender discurriendo*, Paraninfo, Madrid, 1987.
Adler, M. J. *Cómo leer un libro*, Claridad, Buenos Aires, 1967.
Alberico. J. J. y Vigues, M., *Técnicas de trabajo escolar*, Edelvives, Zaragoza, 1983.
— «La motivación de logro», *Revista Infancia y Aprendizaje*, 26, Edisa, Madrid, 1984.
Allen, C., *Los exámenes: cómo superarlos con éxito*, Oikos-Tau, Barcelona, 1980.
Alliprandi, J. R., *Cómo superar los exámenes*, De Vecchi, Barcelona, 1972.
Alonso. J., «Atribución de la causalidad y motivación de logro», *Revista de Estudios de Psicología*, 16, Madrid, 1983.
Anderson, J. y otros, *Redacción de tesis y trabajos escolares*, Diana, México, 1972.
Arnal Agustín, J., *Cómo estudiar*, Autor-Editor, Barcelona, 1979.
— *Estudiar y aprender. El estudio en imágenes*, Autor-Editor, Barcelona, 1979.
Asti, V., *Metodología de la investigación*, Kapelusz, Buenos Aires, 1968.
Baddeley Alan, D., *Su memoria. Cómo conocerla y dominarla*, Debate, Madrid, 1984.
Baeza López, J., *Métodos de estudio*, Miñón, Valladolid, 1981.
Beyer, G., *Aprendizaje creativo*, Morata, Madrid, 1967.
Bize, P. R. y Coguelin, P., *El equilibrio del cuerpo y de la mente*, Mensajero, Bilbao, 1976.
Birzea, C., *La pedagogía del éxito*, Gedisa, Barcelona, 1984.
Blay, A., *Lectura rápida*, Iberia, Barcelona, 1978.

BLOOM BENJAMIN, S., *Clasificación de las metas educativas*, Marfil, Alcoy, 1979.
BONDEGGER, H. W., *Intenta cultivar tu memoria*, Studium, Madrid, 1977.
BOSQUET, R., *Cómo estudiar con provecho. Métodos para un trabajo personal eficaz*, Ibérico Europea, Madrid, 1968.
BROWN, M. E., *Cómo potenciar su memoria*, Martínez Roca, Barcelona, 1981.
BROWN, W. F., *Guía del estudio efectivo*, Trillas, México, 1975.
BRUNET GUTIÉRREZ, J. J., *Técnicas de estudio, curso práctico*, Bruño, Madrid, 1980.
BUZAN, T., *Cómo utilizar la mente con máximo rendimiento*, Deusto, Bilbao, 1987.
CAUDE, R., *Cómo organizar su archivo*, Ibérico Europea, Madrid, 1971.
COLL VINENT, R., *Introducción a la metodología del estudio*, Mitre, Barcelona, 1985.
COMES, P., *Guía para la redacción y presentación de trabajos científicos*, Oikos-Tau, Barcelona, 1976.
CONQUET, A., *Cómo aprender a hablar en público*, Nova Terra, Barcelona 1967.
— *Cómo aprender a escuchar*, Nova Terra, Barcelona, 1968.
— *Cómo escribir para ser leído*, Ibérico Europea, Madrid, 1968.
— *Cómo leer mejor y más deprisa*, Ibérico Europea, Madrid, 1971.
CORRELL., W., *El aprender*, Herder, Barcelona.
CORZO, J. M., *Técnicas de trabajo intelectual*, Anaya, Salamanca, 1972.
DARTOIS, C., *Cómo tomar notas*, Ibérico Europea, Madrid, 1967.
DAVID, L., *Su hijo puede ser un ganador*, Martínez Roca, Barcelona, 1987.
— *Poder mental*, Martínez Roca, Barcelona, 1988.
ENGELMANN, S. y T., *Comment donner à vos enfants une intelligence supérieure*, Laffont, París, 1967.
FELDMANN, P., *Aprender a aprender*, Plaza y Janés, Barcelona, 1988.
FERNÁNDEZ SEARA, J. L., *Diagnóstico y orientación académico-profesional*, Santiago de Compostela, 1982.
FLANDERS, N. A., *Análisis de la interacción didáctica*, Anaya, Madrid, 1978.
FLORES, C., *La memoria*, Oikos-Tau, Barcelona, 1975.
FOURCADE, R., *La motivación de la enseñanza*, Narcea, Madrid, 1972.
GARCÍA CARBONELL, R., *Lectura rápida para todos*, Edaf, Madrid, 1980.
GARCÍA HOZ, V., *Educación personalizada*, Miñón, Valladolid, 1975.
GAUQUELIN. F., *Aprender a aprender*, Mensajero, Bilbao, 1976.
— *Saber comunicarse*, Mensajero, Bilbao, 1977.
GONZÁLEZ, L., *Metodología del trabajo científico*, Sal Terrae, Santander, 1978.

GONZÁLEZ-ANLEO, J., *El sistema educativo español*, Instituto de Estudios Económicos, Madrid, 1985.
GONZÁLEZ CELDRÁN, A., *Tratamiento de las dificultades en el aprendizaje*, INAP, 1976.
GUINERY, M., *Aprender a estudiar*, Fontanella, Barcelona, 1979.
HARDGREAVES, D., *Las relaciones interpersonales en la educación*, Narcea, Madrid, 1976.
HARRIS, I. D., *Barreras emocionales contra el aprendizaje*, Diana, México, 1976.
HENZ, H., *Tratado de pedagogía sistemática*, Herder, Barcelona, 1967.
HOWE, M. J. A., *Psicología del aprendizaje. Cómo enseñar a los niños la forma de aprender*, Planeta, Barcelona, 1986.
IBÁÑEZ BENET, R. y otros, *Eficacia en el estudio*, Anaya, Madrid, 1982.
IBAÑEZ LÓPEZ, P. y SAN JUAN, A., *Aprenda a estudiar*, Lex Nova, Valladolid, 1983.
ILLUECA, L., *Cómo enseñar a estudiar*, Magisterio, Madrid, 1971.
IRALA, N., *Eficiencia sin fatiga en el trabajo mental*, Mensajero, Bilbao, 1973.
JAGOT, P. C., *Método práctico para desarrollar la memoria*, Iberia, Barcelona, 1969.
— *Cómo aumentar su capacidad y eficacia*, Ibérico Europea, Madrid, 1976.
JOHNSON. S. P., *El profesor al minuto*, Grijalbo, Barcelona, 1987.
JUTCHER, H. T., *Entrenamiento de la memoria*, Mensajero, Bilbao, 1979.
KORNHAUSER, A. W., *El arte de aprender a estudiar*, Barcelona, Iberia, 1979.
LAUNAY, C., *Higiene mental del escolar*, Miracle, Barcelona, 1967.
LEITNER, S., *Así se aprende*, Herder, Barcelona, 1973.
LOWAR, L., *Cómo desarrollar la memoria*, De Vecchi, Barcelona, 1972.
LURÇAT, L., *El fracaso y el desinterés escolar*, Gedisa, Barcelona, 1983.
MADDOX, H., *Cómo estudiar*, Oikos-Tau, Barcelona, 1979.
MAYO, W. J., *Cómo leer, estudiar y memorizar rápidamente*, Playor, Madrid, 1980.
MEENES. M., *Cómo estudiar para aprender*, Paidós, Buenos Aires, 1973.
MIGUEL, G., *Aprender a aprender*, Trillas, México, 1974.
MIRA LÓPEZ, E., *Cómo estudiar y cómo aprender*, Kapelusz, Buenos Aires, 1967.
MONTESSORI, M., *Método de la pedagogía científica aplicado a la educación de la infancia*, Arauce, Barcelona, 1968.
MORGAN, C. T. y DEESE, J., *Cómo estudiar*, Magisterio Español, Madrid, 1965.

Moustacas, C., *Autorrealización del profesor a través de la enseñanza*, Narcea, Madrid, 1977.
Ontza, J., *Saber estudiar*, Mensajero, Bilbao, 1980.
Ott, E., *Enseñe a pensar a su hijo*, Mensajero, Bilbao, 1973.
Pallares Mollns, E., *Mejora tu modo de estudiar*, Mensajero, Bilbao, 1983.
— *Didáctica del estudio y de las técnicas de trabajo intelectual*, Mensajero, Bilbao, 1987.
Parsons, C., *Cómo estudiar con eficacia*, Cincel, Madrid, 1981.
Quesada Herreras, J., *Redacción y presentación del trabajo intelectual*, Paraninfo, Madrid, 1983.
Rico Oliver, M. D., *Cómo leer un libro*, Planeta, Barcelona, 1981.
Rodríguez Diéguez, J. L., *Técnicas de trabajo intelectual*, Didascalia, Madrid, 1975.
— *Didáctica general*, Cincel-Kapelusz, Madrid, 1980.
Rotger, B., *Las técnicas de estudio en los programas escolares*, Cincel, Madrid, 1981.
Rowntree, D., *Aprende a estudiar. Introducción programada a unas mejores técnicas de estudio*, Herder, Barcelona, 1980.
Rufinelli, J., *Comprensión de la lectura*, Trillas, México, 1982.
Schawartz, H. S., *El arte de descansar*, Bruguera, Barcelona, 1967.
Schwartz. E., *Cómo duplicar los éxitos escolares de nuestros hijos*, IMO, Barcelona, 1972.
Staton, T., *Cómo estudiar*, Trillas, México, 1972.
Stevens, E. W., *El poder y la clave de la memoria*, Sintes, Barcelona, 1968.
Sullivan, D. F., *Cómo asistir a una conferencia*, Diana, México, 1971.
Tierno Jiménez, B., *El fracaso escolar*, Plaza y Janés, Barcelona, 1984.
— *La clave para el desarrollo de la inteligencia*, Tibidabo, Barcelona, 1985.
— *Cómo estudiar con éxito*, Plaza y Janés, Barcelona, 1988.
Tocquet, R., *Cómo desarrollar la atención y la memoria*, Ibérico Europea, Madrid. 1970.
Tort, A., *Dinámica y técnica del estudio*, ICCE, Madrid, 1972.
Veroff, J., *Social Comparison and the Development or Archivement Motivation*, R. S. Foundation, Nueva York, 1969.
Villar Angulo, L. M., *El autoperfeccionamiento del profesorado*, Cincel, Madrid, 1986.
Weiner, B., *Theories of Motivation: From Mechanism to Cognition*, R. McNally, Chicago, 1972.
Wood, E., *Educación de la memoria*, Kier, Buenos Aires, 1966.

ÍNDICE TEMÁTICO

Actitud mental positiva, 21, 30
Acto de entender, 19
Alimentación racional, 23
Amigos, 32, 34, 41, 136, 190, 204
Análisis, 45, 50, 77, 81, 84, 86, 87, 92, 127, 171, 174, 178, 179, 183, 191, 194
Aprovechamiento intelectual, 43
Asimilación, 43, 44, 54, 81, 91, 96, 120, 138, 151, 165
Asociar, 166, 177, 191, 194
Asumir las equivocaciones, 28, 41
Atención, 21, 34, 37, 38, 46, 49, 55, 61, 66, 70, 73, 76, 77, 79-81, 84, 86, 94, 97, 100-103, 108, 111, 112, 114, 118, 122, 125, 135-139, 142, 144-146, 149-153, 156, 157, 159, 161, 163, 165, 169, 171, 174, 183, 191, 196, 197, 208, 225
   capacidad de, 34, 38
   ejercicios para aumentar el nivel de, 152
   espontánea, 137, 142
   factores externos de la, 136, 142
   factores internos de la, 137, 142
   motivada, 138, 139, 142
   rasgos distintivos de la, 135
   voluntaria, 137, 142
Autoevaluación del estudiante, 96, 113, 122, 123, 125, 231

Bachillerato, 27, 38, 120, 172, 174, 207
Buen lector, 55, 57, 72

Campo de visión, 56, 59, 60, 68
Capacidad de autocrítica, 27, 113
Captar una explicación, 101, 108
   pasos para saber, 101
Ciencias de la naturaleza, 188
   astronomía, 188, 189, 194
   biología, 188, 189, 194
   botánica, 188, 189, 194
   geología, 188, 189, 194
   zoología, 188, 189, 194
Ciencias físico-químicas, 179, 180, 194
   experimentación, 180, 194
   proceso deductivo, 179, 180
   proceso inductivo, 179
Ciencias lingüísticas, 183, 184, 194

características del estudiante de, 184
interacciones entre lengua y literatura, 185
recursos pedagógicos, 186
Ciencias sociales, 190
geografía, 190-192, 207
historia, 190-192, 207
Competir, 211
Comprender, 50, 55, 57, 63, 64, 71, 77, 82, 84, 95, 97, 130, 133, 177, 179, 181, 194, 198
Concentración, 34, 36-38, 54, 60, 62, 69, 70, 94, 97, 138, 142, 144-146, 149-152, 156, 163, 169, 171, 174, 178, 208
como atención dinámica, 149
consejos y orientaciones, 151
ejercicios para aumentar el nivel de, 152
Confianza, 19, 21, 31, 34, 109, 110, 224, 232
Coraje, 31, 224, 241

Deducción, 45, 50, 127, 179, 194
Descanso, 22, 24, 32, 33, 95, 97, 151, 182, 197, 198
sugerencias, 22
Dieta diaria, 23
Distracción, 37, 62, 143-147, 149
causas objetivas de la, 145
causas subjetivas de la, 143
remedios de la, 146

Ejercicio físico, 22, 23
Ejercicios de respiración profunda, 40
Enseñanza
primaria, 171, 174
secundaria, 120, 171, 174
Entendimiento, 19

Entorno, 41, 137, 146, 147, 188
físico, 35, 36
influencia del, 35
Entusiasmo, 26, 35, 41, 196, 199, 220, 232, 236
Esquema, 85-92, 100, 102, 107, 113, 115, 128, 132, 171, 181
definición, 85
modelos de, 88, 90
realización del, 87
resultado del subrayado, 85
ventajas de un, 86
y el proceso analítico-sintético, 86
Estado
de ánimo, 19, 20
emocional, 112, 115
físico, 21, 182
neurofisiológico, 19
Estudiar, 22, 26, 32, 35-37, 43, 46, 47, 50, 93, 94, 97, 104, 111, 115, 121, 151, 156, 171-174, 177-179, 181, 182, 194, 203, 205, 207-209, 238, 240, 241, 243
con música, 37
de forma inteligente, 241
Estudio
objetivos del, 95, 97
obstáculos que impiden el aprovechamiento del, 95, 97
provechoso, pasos fundamentales, 96
Evaluación continua, 120-122, 125, 231
ventajas de la, 121
Evaluación de la información, 51
Examen, exámenes, 35, 40, 49, 104, 105, 108-113, 115, 118, 120, 121, 125, 128, 134, 172-174,

195, 196, 198, 199, 204, 232, 237-240
   antes del, 111, 112, 115
   de última convocatoria, 237, 240
   durante el, 111, 115, 199
   preparación de, 110
   reflexiones después del, 113
   semana anterior al, 110
Exceso de peso, 23
Éxito, 19-21, 26-32, 175, 195, 199, 211, 213, 215, 216, 219-221, 223, 232, 233, 237-239, 241, 243
Explicar a los demás, 203, 205
Explorar, 47, 50
Exposición de un tema, 101-104, 108
   tipos de, 101
Expresión y comunicación, 52

Fatiga mental, 32, 93, 151
   prevención de la, 32
Fracaso, fracasos, 19, 20, 29, 30, 34, 122, 144, 211, 212, 219, 221, 225, 226, 242

Haz de reconocimiento, 56, 59, 68, 71
Higiene mental, 25-27
   del estudio, 19
   y psíquica, 25, 41

Idea principal, 72-78, 81, 84, 88, 89, 101
   frase principal, 72, 74-76
   frases secundarias, 72, 74-76
   localización de la, 72
Ilusión, 19, 26, 27, 29, 32, 35, 41, 43, 189, 193, 220, 223, 226, 232, 236, 241, 243

Imaginación, 19, 54, 100, 145, 165, 177, 178
Inducción, 45, 50, 127, 179, 194
Interés, 25-27, 32, 34, 41, 43, 49, 50, 53, 70, 76, 81, 84, 86, 93-95, 97, 102, 107, 108, 118, 121, 135, 137-140, 142-145, 147, 151, 161, 185, 189, 191, 192, 196, 225, 226, 233, 235
   factores que contribuyen a despertar el, 140
   leyes del, 140
   objetivo, 139, 140, 142
   subjetivo, 139, 140, 142

Labor
   de equipo, 35
   didáctica del profesor, 43, 50
   educativa, 33, 227
Lectura
   comprensiva, 53, 72, 76, 80, 196, 198
   eficaz, 60, 61, 64, 69, 70
   inteligente, 52
   lenta, 54, 72
   veloz, 69
Leer, 22, 29, 47, 48, 50, 51, 54, 57, 59-63, 66, 68-73, 76, 101, 105, 108, 112, 115, 173, 187, 188, 197, 208, 223
Lengua extranjera, 192
   consejos prácticos, 193
Localización de la información, 51
Lugar de estudio, 36, 41, 146, 147
   iluminación del, 37, 38, 41, 146
   mobiliario del, 38, 41, 146
   temperatura del, 37, 38, 41, 107, 146, 198

Mal lector, 55, 57, 61, 70, 71, 76
Malos hábitos de lectura, 60, 68

movimientos corporales, 60, 61, 68
regresión, 60
subvocalización, 60, 61, 68
vocalización, 60, 61, 68, 71
Marcarte una meta, 27
Matemáticas, 34, 95, 180-183, 194
resolución de problemas, 183
sugerencias prácticas, 180
Memoria
a corto plazo, 158, 159, 169
a largo plazo, 158-160, 169
almacenamiento de información sensorial (AIS), 158, 159, 169
contemplación con fijeza y detalle, 166
correspondencia, 168, 169
desarrollar la, 163, 169
ejercicios para desarrollar la, 166
episódica, 160, 169
factores objetivos de la, 162, 169
factores subjetivos de la, 160, 169
importancia de la, 158
mecánica, 158
modelo estructuralista, 158, 169
oración creativa, 167
semántica, 160, 169
técnica de la historieta, 166
técnica de los lugares, 166
tipos de, 158, 160, 169
Metacognición, 195, 201
Método de estudio, 46, 101
didáctico, 45, 50
lógico, 45
procedimiento práctico, 46
propio, diseño de un, 46
"Robinson" (EPL2R), 47, 50
tipos de, 44

Motivación, 25, 27, 41, 100, 108, 130, 134, 138, 142, 147, 195, 196, 215, 223, 226, 233, 235
intrínseca, 213, 223, 226, 228, 229
papel de los padres en la, 223-226

Nivel de comprensión, 53, 59, 64, 68-71, 76

Olvido, 117, 125, 160, 190
causas del, 162, 169
curva del, 117
evitar el, 118
interpretación psicoanalítica, 163, 169
por deficiencias de aprendizaje, 163
por deterioro, 163, 169
por interferencia proactiva, 162, 163, 169
por interferencia retroactiva, 162, 163, 169
Oposiciones, 207, 237
Orden, 44, 47, 50, 86-88, 91, 92, 94, 96, 103, 106, 113, 132, 133, 145, 146, 154, 161, 164, 173, 174, 180, 183, 194, 198
Organización, 46, 52, 81, 82, 84, 102, 105, 106, 127, 132, 161, 171, 172, 174, 196, 197
Oxígeno, 39

Percepción, 62, 68, 69, 135, 157, 159, 163, 169
Posgrado, 231, 233-236
estudiante de, 232
Preguntar, 47, 48, 50, 110, 115, 122
Proceso de Bolonia, 231, 233

Profesor, 26-29, 31, 43, 50, 91, 93, 97, 99-104, 106, 108, 118, 121, 122, 125, 128, 141, 142, 145, 147, 151, 178, 179, 181, 182, 189, 190, 197, 204, 207, 227-229, 238
Profesor-educador, 33, 41
sugerencias al, 33
Pulsión cognoscitiva, 27

Rasgos de la salud mental y psíquica del estudiante, 25
actitud receptiva, 26
ausencia de complejos, 26
buen nivel de autoestima, 25
comprensión y aceptación de los demás, 26
curiosidad, 26
entusiasmo, 26
fe en sí mismo, 26
interés por aprender, 26
Receptividad, 235
Recitar, 47, 48, 50, 118, 198
Relacionar, 47, 86, 156, 177, 185, 191, 194, 198
Relajación, 20, 22, 24, 39-41, 239, 240
psicofísica, 24
Repasar, 47, 49, 50, 81, 84, 87, 97, 108-110, 112, 115, 118, 119, 125, 133, 172, 173, 190, 204, 207, 238
cómo, 119
cuándo, 119
durante cuánto tiempo, 119
qué, 118
Repaso, 49, 110, 111, 115, 117, 120, 125, 197, 199
Representación interna, 20, 21
Requisitos para entender una conferencia, 107

Respeto, 33, 35, 41, 228
Respiración profunda, 39, 40, 239, 240
Resumen, 90-92, 107, 108, 171
comentado, 90, 92
Retención de la información, 52
Retener para recordar, 177, 194
Ruido, 36, 37

Sentidos, 19, 142, 146, 159, 162, 192
Sesión de estudio, 93-95, 97, 119, 125, 171
autoexamen previo a la, 93
Seudolecturas, 54, 57
lectura de localización, 55
lectura de rastreo, 54
Silencio, 36, 51, 53, 61, 146, 198
Síntesis, 21, 45, 48, 50, 54, 81, 84-87, 90-92, 103, 110, 139, 171, 174, 177, 178, 191
Sistema
de la grabación, 207
nervioso, 19, 23, 24, 146, 147
Subrayado de texto, 77-82, 84, 85, 87, 91, 92, 171
tipos de, 81
Subrayar, 48, 56, 77, 78, 80, 81, 84, 96
cómo, 78
cuándo, 80
cuánto, 78
qué, 77
Sueño, 21, 22, 166
horas de, 21, 22

Temas escritos, 127, 134
documentación de, 130
elección de, 129
estructuración de, 131
fases de, 128

redacción de, 132
   ventajas de los, 127
Tipos de lectura, 53, 70
   comprensiva, 53, 72, 76, 80, 196, 198
   crítica, 53, 70
   de estudio, 54
   global o de información general, 53
   literal, 53
   literaria o estética, 54
   mecánica, 53
   oral o en voz alta, 53
   recreativa o de pasatiempo, 54
   reflexiva o meditativa, 54
   selectiva o de reconocimiento, 53
   silenciosa, 53, 69
Tipos de métodos de estudio, 44
   clásicos, 44
   modernos, 45
Tomar apuntes, 99, 100, 103, 108, 151, 156, 171, 173, 174
   abreviaturas prácticas, 104
   claves para, 102, 108
   requisitos importantes, 105
   ventajas de, 104
Tono psicofísico, 20
Trabajo intelectual, 19, 21, 22, 26, 33, 37, 39, 77, 96, 109, 127, 138, 145, 147, 172

Universidad, 27, 29, 37, 38, 129, 173, 232

Velocidad de la lectura, 59, 62
   desarrollar la, 59
   ejercicios para desarrollar la, 65
   expresión de la, 63
   interpretación de la, 63, 65
   registro de la, 63
   técnicas para mejorar la, 62
   y buen nivel de comprensión, 70
Voluntad, 19, 20, 25, 29-31, 34, 44, 46, 99, 144, 147, 151, 213, 216, 217, 235, 242
   constituida, 213
   constituyente, 213, 214, 216
   decálogo de la, 215, 217, 242
Voz humana, 37